CW00504714

HISTOIRE DE LA SHOAH

Serge Gribe

PREALABLE

Il est indispensable de prendre conscience d'une donnée évidente si non cachée mais non enseignée qui est le poids des religions dans la vie des humains.
Opium des peuples prétend le marxisme.

Et il est une religion dont l'influence a été constante depuis deux mille ans dans le monde occidental et sa vie politique : c'est la catholicisme , et son siège est le Vatican et son dirigeant le Pape.
Ceci ayant été rappelé le regard que l'on a sur les évenements s'en trouve modifié.
C'est ce que je veux montrer pour que soit mieux comprise l'histoire de la Shoah qui est une conséquence d'une donnée véhiculée tout au long des siècles : le judaïsme et le « peuple » juif comme fauteur de la mort du Christ , donc déicide.
Et si cela n'était pas suffisant vient s'ajouter , depuis 1917 , une autre donnée toujours d'origine juive , celle du danger marxiste mettant en danger l'organisation du monde politique savamment dirigé par le dit Vatican.
Il faut donc s'en défendre.

Et le Vatican trouvera des alliés comme il le fit tout au long des siècles quand il eut à le faire : face a l'islam en Espagne, et en Sicile , face au protestantisme, guerres de religions en France etc..

Alors pourquoi ce silence ?
Pourquoi l'Histoire n'est elle pas enseignée telle qu'elle est dans un pays soit disant laïc ? Ailleurs aussi.

AVANT – PROPOS

Ce livre est un réquisitoire et comme tel il a un but : faire connaitre , enfin , la véritable histoire de la Shoah.

D'abord par qui ,

Ensuite pourquoi ,

Enfin comment ,

Je suis un miraculé et comme tel j'ai le devoir d'expliquer non pas le miracle mais l'une de ses conséquences : faire savoir que la Shoah n'est pas seulement l'œuvre d'une homme , Hitler , et l'un de ses souhaits : la fin de l'existence d'un peuple , les juifs.

Je suis le seul survivant du convoi n° 75 parti de la gare de Bobigny le 27 mars 1944 , j'ai réussi a sauter du train et j'ai été receuilli par un cheminot qui été là parcequ'il savait qu'un train de déportés allait passer et que peut être il allait faire quelque chose !

Retraité j'ai consacré une grande partie de mon temps à chercher des preuves à ce que je croyais être la vérité : pourquoi 6 millions d'êtres humains ont-ils été anéantis sans qu'aucune Puissance , Etat , Organisme , Association , qu'aucun Homme d'Etat ou de Religion se manifeste d'abord pour le faire savoir et ensuite pour tenter de le faire cesser , donc sans venir en aide , donc sans assistance à personnes en danger de mort.

Comment ?

En cherchant dans le travaux des Historiens et journalistes qui
ont travaillé sur ce sujet , pour trouver réponse à mon
questionnement , et en leur empruntant ce qui pouvait me servir
à prouver la justesse de ma théorie.
Je n'ai pas manqué de les en informer en leur demandant leur
accord. Aucun ne m'a répondu. J'ai pensé que silence valait
accord. Qui ne dit mot consent !

Le Monde a accepté sous réserve que je le signale , ce que j'ai
tenté de faire.

Je crois y avoir réussi , j'espère voir triompher ma vision.
Il reste à faire connaitre et reconnaitre d'abord par les
Organismes qui en ont la charge.

INTRODUCTION

Archives

Pie XII, pape de Hitler par Annie Lacroix-Riz

L'article qui suit est paru dans « Le Monde » Horizons Débats du 26 .02 .2002, suite à la première édition du livre d'Annie LACROIX-RIZ « Le Vatican , l'Europe et le Reich de la Première guerre froide ».

La polémique qui se développe à propos du film de Costa-Gravas « *Amen* » s'est concentré jusqu'à présent sur une affiche mêlant la croix catholique à la croix gammé. Mieux vaudrait aborder le cœur du débat : l'attitude du Saint-Siège à l'égard de « la destruction des juifs d'Europe » (Raul Hillberg) pendant la seconde guerre mondiale.

On lit dans *Le Monde* (14 février) que le choix du cinéaste ferait fi des acquis de la recherche depuis 1963.Mais de nombreux travaux sont allés dans le sens de la pièce de Rolf Hochhuth « *Le Vicaire* » et ont prouvé qu'elle contient peu d'erreurs factuelles.

L'image de Pie XII a-t-elle été définitivement établie par les Actes et documents du Saint-Siège , sélection de ses archives de guerre que le Vatican fit effectuer par une équipe de quatre jésuite comprenant le célèbre Père américain Graham et dont le Père français Blet est le dernier survivant ? Lancée pour apaiser la tempête soulevée par « *Le Vicaire* » , cette publication de dix

volumes (1965-1980) a été remise à l'ordre du jour par un récent
résumé du Père Blet (*Pie XII et la seconde guerre mondiale
d'après les archives du Vatican , 1998*). Elle ne saurait
convaincre , les conditions de sa réalisation n'ayant pu être
contrôlées par des historiens.

La dernière tentative, une « commission internationale »
paritaire de six historiens juifs et catholiques , a abouti en juillet
2001 à un échec retentissant : l'obstination du Vatican
d'aujourd'hui à lui refuser l'accès à ses archives originales l'a
conduite à la dissolution après démission de certains de ses
membres juifs et l'Eglise.

Les « repentances » ne peuvent être opposés au bilan de près
de quarante ans de recherches fondées sur des fonds originaux –
à défaut de ceux que le Saint-Siège laisse obstinément fermés. Il
fut riche en France et ailleurs au milieu des années 1960 ,
dominé notamment par Carlo Falconi (*Le Silence de Pie XII
1939-1945 ,* essai fondé sur des documents d'archives recueillis
par l'auteur en Pologne et en Yougoslavie), Saül Friedlander
(*Pie XII et le III Reich),* Gunther Lewy (*The Catholic Chuch
and Nazi Germany)* et , à un degré moindre de recherche,
Jacques Nobécourt, ancien correspondant du *Monde* en Italie
(« *Le Vicaire* » et l'histoire)

Le début fut ensuite anéanti en France , au profit de
panégyriques dont le récent ouvrage du Père Blet offre le
meilleur exemple. Ce qui domine en France n'est pas l'insulte
faite aux catholiques d'aujourd'hui , mais le mauvais cas réservé
aux récentes tentatives de recherche : l'a bien montré l'accueil

réservé en 1999 par les grand médias au livre de Jhon Cornwell , Le Pape et Hitler. Ce travail , certes insuffisamment approfondi et qu' accable le seul Pie XII en exonérant le reste de la Curie , en particulier Pie XI , dont le règne couvrit les six premières années des misères des Juifs allemands (sans parler de ceux de l'Europe orientale), a cependant ajouté quelques pièces au dossier d'Eugenio Pacelli.

Quel meilleur symbole de la difficulté à s'exprimer librement en France sur le nonce et secrétaire d'Etat du Vatican devenu pape que le conflit sur le titre intial de l'ouvrage, *Le pape de Hitler* (*Hitler's Pope*) ? Car Eugenio Pacelli ne fut pas le saint torturé par un « drame intérieur d'une très rare acuité » (Xavier de Montclos) cher à l'historiographie catholique institutionnelle. Pas davantage le « mouton noir » que Jhon Cornwell oppose à son politique allemande du Vatican ce germanophile convaincu était surnommé Tedesco (l'Allemand) en Italie et en Pologne. Nommé au printemps 1917 , à la demande de Berlin (tant il était considéré comme sûr) , nonce à Muniche, il s'y entoura d'une camarilla d'extrême droite, dans une région dont les traditions antisémites valaient celles de l'Autriche à laquelle elle appartint jusqu'au début du XIX siècle.

Le Reich assura depuis lors sa carrière. Pacelli fut lié dès le début des années 1920, comme le clergé bavarois placé sous ses ordres de fait , aux groupuscules d'extrême droite qui polluaient en Bavière : Il fréquentait beaucoup Lundendorff, intime de Hitler , dans ce havre des terroristes du Reich qui avaient assassiné des ennemis politiques symbolisant la République de Weimar. L'antisémitisme de l'Eglise dans l'entre deux-guerres est avéré, et on ne débat que sur le fait de savoir s'il demeurait un antijudaïsme ou devenait un antisémitisme racial (völkisch).Celui de Pacelli unissait les deux ; sa correspondance bavaroise révèle son obsession morbide des « juifs galiciens » bolchéviques. Comme tout Völkisch , il voyait dans chaque juif un bolchévique, et inversement.

Avocat infatigable des droits du Reich contre Versailles , comme nonce à Munich puis dans le Reich (depuis 1920), puis comme secrétaire d'Etat du Vatican (février 1930), il contribua largement , avec l'aval de ses supérieurs, Benoit XV puis (depuis 1922) Pie XI, à la réunification sans exclusive – nazis inclus – de la droite allemande. Il y mit assurément son empreinte , mais ne fut jamais désavoué pour avoir pour avoir fait la carrière spectaculaire des éléments les plus nazis de l'Eglise autrichienne, allemande ou de toute fraction de nationalité oeuvrant à la liquidation de l'Europe des traités de 1919-1920.

Pacelli, comme Pie XVI , connaissait le sort des juifs du Reich depuis février 1933. Il interdit toute protestation des Eglises nationales (la française comprise) contre la persécution , notamment lors du boycott nazi des juifs du 1 avril 1933. Quand Pie XI posa à Berlin, en septembre 1933 , par une note officielle , la question des juifs convertis (les autres n'intéressant pas Rome), il battit en retraite dès que le conseiller d'ambassade allemande Klee le pria de baisser le ton sur cette question « raciale ». Devenu pape en mars 1939 , affichant son amour pour le Reich avec des élans qui ravissaient l'ambassadeur allemand en poste depuis 1920 , von Bergen , Pie XII fut , dans l'exceptionnel poste mondial d'observation du Vatican , immédiatement informé des atrocités allemandes : non pas à l'été 1942, lorsque les Américains lancèrent une campagne de presse sur l'extermination, alors dans sa phase la plus aiguë, mais dès les premiers jours de l'occupation de la Pologne.

On a beaucoup traité des ses silences sur les victimes de l'Axe, populations assaillies, bombardées, Polonais, juifs, Serbes, malades mentaux allemands assassinés par le régime avant la guerre, etc.mais Pie XII parla beaucoup depuis 1939, comme Benoît XV pendant la guerre précédente ; sur « les nécessités vitales » du Reich, contre l'éventuel bombardement de Rome (depuis l'été 1949) et , avec des sanglots dans la voix, contre celui des villes allemandes, depuis 1942, contre la formule de « capitulation sans conditions » de l'Allemagne projetée en 1943 par les Alliés, etc.

Il ne se contenta pas de se taire sur les massacres ou de faire avec son secrétaire d'Etat, Maglione, et son collaborateur, Montini, futur Paul VI, des bons mots lorsque les Américains le prièrent de parler : l'extermination des juifs était « exagérée par les Alliés » et n'était pas avérée, il ne pouvait dénoncer les « atrocités allemandes » sans dénoncer celle des Soviets, etc. Avec son appui, l'Eglise s'engagea activement a l'est de l'Europe dans l'extermination : franciscains de Croatie, massacreurs de juifs et des Serbes, prélats ukrainiens, Slovaque, Hongrois, Roumains, etc, hérauts de la croisade contre les « judéo-bolcheviques ». Tous furent impliqués dans le pillages des biens des massacrés, auquel le Vatican donna son aval écrit (en latin).

Le cas de l'Ouest est mal connu , car les liens de guerre en hiérarchies nationales et Rome n'y furent pas disséqués après-guerre. Mais comment interpréter e choix par Pie XII de l'Autrichien pro-nazi Hudal pour négocier en octobre 1943 avec le commandement militaire allemand la déportaiton des juifs de Rome organisée sous ses fenêtres ? « Question délicate {et} désagréable pour les relations germano-vaticanes », mais heureusement « liquidée » en moins de deux semaines , commenta le nouvel ambassadeur du Reich , von Weiszäcker.

Pie XII assuma doublement le soutien apporté aux massacreurs. Pendant la guerre, il fêta leurs représentants, ceux d'Ante Pavelitch en tête. Le texte de conversion forcée des Serbes, autre génocide croate de la guerre , ne fut d'ailleurs pas l'œuvre du chef d'Etat bourreau , mais un ordre d'inquisition contresigné par le secrétaire de la Congrégation orientale (contre son fré , la chose est avérée), le Français Tisserant, qui le reconnut après guerre.

Après la guerre, Pie XII organisa avec Montini et Hudal le réseau de sauvetage des criminels de guerre, les « Rat Lines », financé par les Etats-Unis , et logea d'illustres « réfugiés » tels d'anciens ministres de Mgr Tiso (dont Karel Sidor, auteur de la législation antijuive de Slovaquie « autonome » d'avant mars 1939).

L'ardeur mise par Pie XII à sauver les bourreaux pour les recycler sur place ou les expédier outre-mer (via Gênes et son archevêque Siri) constitue une nouvelle preuve à charge contre le pape de Hitler.[1]

---

[*] Article de Francis Cornu , reproduit avec l'aimable autorisation du Monde

Si j'ai placé en début du travail que j'ai effectué , l'article sur le livre d'Annie Lacroix-Riz , c'est pour montrer que ce sujet a déjà été évoqué.

Son livre « *Le Vatican, l'Europe et le Reich* » (paru chez Armand Colin) est une nouvelle édition et j'en extrais la présentation de la couverture :

« Cette nouvelle édition (septembre 2010), revue et augmentée , s'appuie sur l'acquis des travaux précédents, souvent ignorés en France, et puise surtout aux archives inexplorées (françaises, allemandes, anglaises et américaines). Elle apporte un éclairage très neuf à l'histoire du Vatican en tant qu'institution politique, auxiliaire de premier plan de l'Allemagne et des Etats-Unis, devenus puissance européenne au XX ᵉᵐᵉ siècle. Elle souligne la remarquable continuité de la ligne politique, financière et territoriale de la Curie romaine à l'inverse de la thèse courante de l'antibolchevisme exclusif. Prenant en compte les découverte majeurs des quinze dernières années, elle a fait le point sur l'exceptionnelle mobilisation depuis 1942 de l'ensemble de l'appareil de l'Eglise romaine pour le sauvetage-recyclage de masses des criminels de guerre, allemands et non allemands , à travers l'Europe et les deux Amériques. »

Cette présentation, à elle seule , suffirait à justifier ma question :

Pourquoi ce silence persistant du Vatican vis-à-vis de la Shoah n'est-il pas étudié et divulgué ?

Un événement n'est jamais fortuit. Il est la conséquence de différents facteurs, eux-mêmes interdépendants, d'un environnement plus ou moins modelé naturellement par la réalité géographique, et davantage encore par l'environnement historique et culturel – et dans lequel la religion tient une place prépondérante, car elle est le ciment utilisé pour maintenir la société. Elle impose en effet des règles morales et des façons de penser, et donc des attitudes par l'enseignement qu'elle dispense.

Ce rappel me sert de point de départ pour tenter d'expliquer ce qui, par le prisme de ma propre histoire, a été le conflit majeur du vingtième siècle.

La deuxième guerre mondiale doit être replacée dans un cadre plus vaste que celui que l'historiographie officielle nous présente.

La confrontation des « puissances alliées » contre l'Allemagne nazie, l'Italie fasciste et le Japon impérialiste n'est que l'un des éléments d'une lutte plus intense dans laquelle la guerre en Europe est une donnée importante mais pas principal, et surtout pas la seule – et cette autre guerre c'est « la guerre du paradis ».

Elle a commencé en 1917 et s'est terminée par la chute du mur de Berlin en 1989.

Qui contre qui ?

Le communisme contre le Vatican et surtout le Vatican contre le communisme. C'est dans ce contexte que se déroula la Seconde Guerre Mondiale. C'est aussi dans ce contexte qu'eut lieu la Shoah qui en a été conséquence.

Que serions-nous devenus, Henry Sendrowicz et moi, le 27 mars 1944 quand nous avons sauté du train de déportés juifs, convoi n°70, dans la montée de Ligny en Barois, si Charles Gombert n'avait pas été la ?

Et il était là parce qu'il savait qu'allait passer ce train et il espérait que peut-être il pourrait faire quelque chose.

Donc il savait.

Je savais que nous allions ver un camp de concentration quelque part en Europe de l'Est, et que nous attendaient le travail forcé et peut être la mort, mais je ne savais pas (il a fallu attendre quelques mois de plus) pour les chambres a gaz et la destruction massive et immédiate à l'arrivée.

Je suis un rescapé qui traine depuis 70 ans une question : pourquoi 6 millions d'être humains sont-ils morts sans qu'une voix s'élève pour tenter de répondre a cette question, non pas en esquivant la vérité et en accusant le nazisme et son chef, mais en recherchant pourquoi ceux qui savaient se sont tus – et plus précisément l'autorité morale qu'est le Vatican, qui est lui aussi , et plus que tout autre, responsable, et a laissé faire ?

6 millions d'hommes, de femmes, d'enfants massacrés dans le silence du monde.

Pourquoi ?

Pourquoi vouloir faire triompher une évidence cachée ?

Parce que la certitude d'une autre évidence est tout aussi présente. C'est celle de la mort prochaine et le constat d'un échec, celui de n'avoir pas su et pas pu avoir transmis ce que je traine au-dedans de moi depuis 70 ans : le massacre dans le silence le plus total de 6 millions d'être humains qui n'avaient commis qu'un seul « péché », celui d'être nés d'une père et d'une mère juifs.

La cause me dira-t-on : l'antisémitisme forcené d'un fou furieux, Adolf Hitler entouré d'êtres tout aussi furieux.

Admettons-le.

Mais pourquoi dans le silence ?

Et quel silence !

Depuis les premiers actes antisémites commis dans l'Allemagne de l'avant-guerre puis dans les différents Etats occupés -Autriche, Tchécoslovaquie puis, après le début des hostilités, en Pologne – Le seul document précis fut le « Livre Blanc » du gouvernement britannique paru début 1940 dans sa traduction française, et qui décrivait l'univers concentrationnaire et les menaces de mort proférées.

Parce que l'antisémitisme était présent dans presque tous les pays chrétiens, et parce qu'une autre menace planait sur le Monde depuis 1917, celle des Rouges. Une guerre entre deux idéaux, le paradis sur terre et le paradis dans l'au-delà. Cette évidence ne m'était pas apparue savant le 6 septembre 2001.

En effet, après la vision de «La Guerre des Paradis » le 6 septembre 2001 sur la chaine Planète, ma compréhension changea du tout au tout.

LA GUERRE DES PARADIS

Une guerre avait commencé en 1917, une guerre entre deux idéaux : le paradis sur terre et le paradis dans l'au-delà.

Une production de la BBC diffusée sur « Planète » le 06/09/2001 et intitulée « La guerre des Paradis »[2] illustre clairement cette opposition. Nous la retranscrivons ci- après , afin de faire partager au lecteur l'ensemble des témoignages recueillis.

Tout d'abord, à propos de cette émission, Francis Cornu, dans *Le Monde télévision* , écrit le 26-27 août 2001 :

« Les auteurs de ce document ont pris le parti d'isoler l'Eglise parmi les différents ennemis du communisme et d'étudier l'affrontement entre celle-là et celui-ci, depuis la révolution de 1917 jusqu'à l'effondrement du bloc soviétique, soixante-dix ans plus tard. En dépit de son titre, cette étude ne porte que sur les rapports entre le Vatican et le Kremlin et non entre les fidèles représentés. Il s'agit d'examiner deux politiques et non deux croyances.

Pour cela on a recours aux témoignages d'apparatchiks « des deux bords » : le cardinal Agostino Casaroli (secrétaire d'Etat sous Jean Paul II) et « son Eminence » Vadim Zaglagin, par exemple.

---

[2] Conseiller historique Constantine Brancovan. Ecrit et produit par Paul Sapin.
BBC Production Manchester MCMXCVII
Enregistré le 6 Septembre 2001 sur « Planète »

Si ce dernier confesse que le marxisme-léninisme a remplacé un « *opium* {du peuple} *par un autre* » on revient vite à la politique. Et l'on souligne que Rome et Moscou n'ont cessé de nouer et maintenir des contacts discrets malgré leur antagonisme fondamental et quelques croisades virulentes de part et d'autre. Croisades qui conduiront notamment le Vatican à manager fascisme et nazisme puis à pactiser avec Washington. Cette production de la BBC manifeste un sens aigu du récit historique, mettant en valeur l'enchaînement des faits au prix, parfois, de liens de cause à effet un peu forcés ».

RETRANSCRIPTION DE L'ÉMISSION

« Derrière les conflits qui ont émaillé les quatres-vingts dernières années, se cache une bataille qui a fait rage pendant tout le vingtième siècle, celle du catholicisme romain contre le communisme soviétique .

Riche en alliances impies et en promesses non tenues, elle a vu s'affronter deux croyances, deux visions opposées du paradis. Les autorités du Kremlin pensaient que leur philosophie idéologique était supérieure a toutes les autres . L'erreur du communisme a été de vouloir en faire trop – C'était une utopie sur laquelle on ne pouvait rien construire.

L'affrontement entre l'Eglise et le communisme est titanesque. Il remonte à Marx, ou à la révolution de 1917. Cet affrontement n'a été prévu que quelques mois avant qu'il ne débute : les villageois de Fatima (Portugal) déclarèrent que la Vierge Marie leur était apparue porteuse d'un message urgent : « Prier pour la conversion de la Russie ou se préparer à la guerre et à la destruction de l'Eglise ».

Le monde catholique romain n'a pas écouté cette prophétie annonçant le plus long conflit du siècle. La révolution Russe de 1917 offre la vision d'un avenir exempt de tout dogme religieux : la nouvelle société se passera de religion, les citoyens obtiendront leur récompense ici-bas, sans avoir à attendre de passer dans l'autre monde.

Vadin Zagladin (membre du comité central du PC d'URSS 1975-1988) :

« La principale idée de notre pays, c'était de créer un homme nouveau, un nouvelle personnalité façonnée par les principes de Marx et Lénine, et ces deux hommes étaient opposés à la religion qui était l'opium du peuple. Mais nous avons dû remplacer cet opium par un autre.

Les bolcheviques offraient la vision d'un avenir inimaginable pour l'écrasante majorité défavorisée du peuple russe qui a souffert d'une extrême pauvreté et de brutalité des tsars. Le dernier d'entre eux Nicolas II, était à la tête d'un empire autocratique dépassé, mais son droit à régner avait été béni par sa fidèle alliée, l'Eglise orthodoxe russe.

Ce mariage entre l'Eglise et l'Etat isolait la Russie du reste de l'Europe, comme de l'autre autorité chrétienne, le Vatican ».

Général Oleg Kalugan (service du contre-espionnage KGB 1981-1989) :

« L'Eglise orthodoxe s'était toujours enorgueillie d'être l'héritière de la chrétienté originelle face au Vatican qui représentait le dogme, et aux protestants qui incarnaient l'individualisme.

L'Eglise orthodoxe russe a toujours pensé, dans un certain sens, qu'elle était supérieure aux autres et c'est pour cette raison que toute tentative d'intrusion en Russie était considérée comme un acte d'hostilité ».

L'Eglise orthodoxe s'oppose donc à tout influence catholique en Russie, mais comme par ironie, ce sont les bolchéviques qui vont lui ouvrir toutes grandes les portes du pays , grâce aux premiers décrets soviétiques.

La séparation de l'Eglise et de l'Etat prône un athéisme de masse mais garantit par un principe de liberté de culte. Conséquence inattendue : le dialogue s'ouvre entre le Saint-Siège et le Kremlin.

Père Constantin Simon (Etude slaves – Institut oriental – Rome) :
« Qu'est ce que le Vatican avait à y gagner ? Il éspérait, depuis que la religion d'Etat avait été bousculée par la révolution bolchévique et que l'Eglise d'Etat avait disparu, que le catholicisme romain serait reconnu en Union soviétique comme une forme de culte. Qu'est-ce que le régime soviétique avait à y gagner en entamant ce genre de dialogue avec le Vatican ?

D'abord , il était dans une position extrêmement délicate par rapport au reste du monde : non seulement personne n'avait reconnu l'Etat Soviétique, mais les puissances diplomatiques occidentales le combattaient militairement ; il était donc important, pour le régime, d'instaurer des relation avec l'Ouest. Les dirigeant soviétiques savaient que le Vatican avait une énorme influence sur les dirigeants des grandes puissances occidentales. En ouvrant le dialogue avec le Saint-Siège, ils espéraient donc se forger une certaine légitimité diplomatique ».

Au moment de la révolution russe , Benoît XV est pape depuis 1914. Il est un ennemi implacable des marxistes athées, mais lorsque *se* présente l'occasion d'introduire le catholicisme comme successeur de la foi orthodoxe, il envoie en Russie deux de ses plus fins diplomates : Monsignori Ratti et Pacelli qui entament des pourparlers avec les bolcheviques.
Par un hasard extraordinaire, ces deux hommes seront par la suite élus Papes, et pendant plus de quarante ans ils dirigeront

les relations entre Vatican et Kremlin. Mais aux premiers contacts ils se trouvent face à un régime qui ne se montre guère compréhensif.

Michael Odintsov (commission des affaires étrangères de l'URSS 1978-1988) :
« Nous refusions le droit au Vatican d'envoyer des membres du clergé en Russie si nous ne pouvions avoir aucun pouvoir sur eux. Nous refusions de les autoriser à ouvrir des collèges de théologie et des séminaires pour former des prêtres, nous refusions de permettre au Vatican d'ouvrir des écoles pour enseigner le catéchisme »

Andrea Riccardi (Historien de la chrétienté - Rome) :
« Pendant environ une dizaine d'années, le Saint Siège a tenté une approche diplomatique, mais, petit à petit, les espoirs des Monsignori et des ambassadeurs du Vatican se sont dissipés. Ils ont fini par comprendre que les Soviétiques n'étaient pas des diplomates traditionnels.
Au Vatican on s'était dit que si on avait réussi avec Napoléon, on pourrait sûrement y arriver avec les Soviétiques »

Le Cardinal Casaroli (Secrétaire d'Etat de Jean Paul II 1979-1991) :

« Les Soviétiques partaient du principe qu'on ne pouvait faire confiance ni au Vatican ni au Pape, ni à l'Eglise. En retour, nous nous disions que le but ultime du communisme était la destruction non seulement de l'Eglise catholique, mais aussi de la religion. »

Malgré la désapprobation du Vatican, les bolcheviques poursuivent leur politique radicale, renforcés par leur victoire inattendue pendant la guerre civile. Mais un nouveau désastre va changer l'attitude des Soviétiques à l'égard de l'Eglise et de la religion : une famine d'une ampleur sans précédent.

Michaël Odintsov :

« Lorsque 30 millions de gens sont morts de famine, en 1922, le gouvernement soviétique a demandé l'aide des démocraties occidentales.
Quelle a été leur réponse ? « Nous vous donnerons du pain si vous nous donnez de
l'or ».
Pourquoi a-t-il fallu que l'on confisque les biens de l'Eglise ? Avait-on besoin de provoquer pareil conflit ? Non.
On a confisqué cet or et cet argent pour acheter du pain. »

Robert F.Tast (vice-recteur de l'Institut pontifical oriental de Rome) :

« Le Vatican a été totalement perturbé par l'allure que cette nouvelle Union soviétique allait prendre. Des erreurs ont-elles été commises ?

S'il y en a eu, je crois que la plus grosse a été de croire que l'on pouvait discuter avec ces gens car la politique mise en œuvre par l'Union Soviétique a montré qu'il n'y avait qu'une toute petite possibilité de dialoguer efficacement. »

Face à ce qu'ils considèrent comme une exploitation capitaliste de leur tragédie, les bolcheviques durcissent le ton vis-à-vis des croyants : ils organisent les premiers procès publics autour des années 20, et emprisonnent indifféremment les membres des clergés catholique et orthodoxe- les accusant d'espionnage et d'activité contre-révolutionnaire.

Après la disparition de Benoît XV, sond iplomate Achille Ralti est élu Pape sous le nom de Pie XI. Pour lui, il est grand temps de changer d'approche face aux bolcheviques. Fin 1926 il envoie un Jésuite, l'évêque Michel d'Herbigny, en mission secrète en Union soviétique pour y consacrer les évêques catholiques.

Michael Odintsov :

« Toute la hiérarchie catholique romaine en Russie avait été détruite lors des procès publics, iln'en restait rien. » En envoyant d'Herbigny en Union Soviétique,

le Vatican espérait rétablir cette hiérarchie. L'évêque a donc été envoyé en Russie en secret pour procéder à des consécrations épiscopales. Il a finalement rempli sa mission mais ses mouvements avaient été repérés par les Soviétiques et malheureusement tous ceux qu'il avait consacrés furent par la suite emprisonnés et même dans un cas, exécuté par les Soviétiques.

Le Père Tas:

« Il est évident que le gouvernement soviétique ne s'intéressait pas à la consécration d'évêques catholiques, mais je crois que l'on peut dire d'un point de vue catholique :pas de chance. L'Eglise catholique sentait et sent qu'elle a le droit d'avoir des évêques et que, si elle ne peut pas les consacrer ouvertement, elle le fait secrètement »

A la fin des années 20, les tentatives de pénétration du Vatican en Union soviétique, tant officielles que secrètes, s'avèrent inefficaces. Mais Pie XI ne perd pas espoir : en 1929 ilfonde le Collège Papal Russe à Rome, qui sera baptisé Commission pro Russia, chargé d'assurer la formation de prêtres missionnaires qui seront envoyés en URSS. Ce Collège est dirigé par les Jésuites en la personne de l'agent secret de Pie XI, l'évêque d'Herbigny.

Michael Oclintsov :

« Les Soviétiques considéraient la commission « Pro Russia » comme un centre de formation d'agents secrets qui allaient être envoyés en mission de reconnaissance sur leur territoire et qui enverraient leur rapport aux puissances occidentales sur leurs agisse1nents ».

Un autre témoignage :

« Les jésuites étaient des tricheurs, des menteurs et les pires religieux. Ils étaient prêts à vous perdre, ils vous approchaient de façon tortueuse en montrant un visage avenant et avaient toujours une dague derrière le dos - jésuite était devenu une insulte ».

Le Père Tas :

« Je crois qu'ils nous ont attribué plus de crédit au niveau du renseignement que ce dont nous étions réellement capables. Ceux d'entre nous qui étudiaient à la Commission Pro Russia essayaient simplement de percer la tradition religieuse orthodoxe pour mieux la comprendre, pour apprendre à prier et à fonctionner à sa façon. Elle faisait de nous des interlocuteurs responsables et rompus à d'éventuels dialogues ».

Irina Ocipova (historienne : « *Histoire de l'Eglise* " - Moscou) :

« Dans les faits, la plupart d'entre eux ont été abattus lorsqu'ils ont traversé la frontière pour entrer ou pour sortir, mais ils étaient prêts à mourir pour leur cause etc 'est ce qu'il eur est arrivé).

   En 1929 les relations diplomatiques entre le Vatican et le Kremlin ne sont plus qu'un souvenir. L'initiative suivante, qui va avoir des conséquences dévastatrices, vient du dictateur fasciste Mussolini : il propose au Vatican un traité qui lui accorde un statut d'Etat souverain, en échange de la reconnaissance de son propre régime par le Saint-Siège. Pie XI accepte.
Pour les bolcheviques, ce traité réveille le vieux spectre de l'alliance antisoviétique, mais pour le Vatican elle est synonyme d'un renouveau de l'espoir : le fascisme serait-il une arme pour stopper le communisme ?

Andrea Ricardi :

« Pour Pie XI et son secrétaire d'Etat, le cardinal Pacelli, l'ancien nonce apostolique à Berlin, on ne se contente plus de défendre les catholiques en URSS. On craint que le modèle soviétique ne soit repris dans d'autres pays. Ils entament donc une croisade, une croisade de prières pour la Russie et de dénonciation des dangers du communisme dans Je monde entier ».

Irina Ocipova (op.dt) :

« En 1930, quand le Pape a lancé un appel à tous les croyants du monde pour initier une croisade en faveur des gens persécutés, la réaction du KGB a été capitale : il a organisé en 1931 un immense procès public à l'encontre du clergé ukrainien, et contre celui de la Volga - où tous les ecclésiastiques allemands ont été arrêtés. C'était très clair, une initiative du Pape provoquait une réaction du KGB et une grande partie du clergé a été tout simplement éliminée ».

Staline, quant à lui, poursuit sa propre croisade et il insiste sur le fait que l'Union Soviétique doit produire, pour résister aux forces capitalistes hostiles. Afin d'atteindre son objectif, illance un ensemble de campagnes pour repérer les ennemis de la nation. Le Vatican qui flirte désormais avec le fascisme en fait évidemment partie.

Shimon Samuels (directeur des relations internationales - Centre Simon Wiesenthal) :

« Staline, qui était contre toute forme d'identité qui sortait des frontières de l'Union Soviétique ou de celles du monde communiste, considérait le catholicisme comme une menace politique et le monde catholique voyait manifestement le bolchevisme comme un danger fondamental. C'est pourquoi il se préparait à pactiser avec le diable pour le combattre »

Le Pape Pie XI est toujours convaincu que le fascisme est un rempart contre le communisme et son pacte de 1929 avec Mussolini est suivi, quatre ans plus tard, par le concordat avec Adolf Hitler qui fait du Vatican le premier Etat à reconnaître le III'm• Reich. Le Führer qui a reçu une éducation catholique, s'est attiré les faveurs du Saint-Siège en se ralliant à la croisade de prières et en y ajoutant la sienne : la destruction du communisme. Pie XI est séduit, il annonce aux ambassadeurs français et polonais qu'Hitler est le seul chef de gouvernement à parler du bolchevisme de la même manière que lui et à le considérer comme un ennemi. Mais la conviction papale va être à l'origine d'une tragédie.

Shimon Samuels :

« En effet il existe une stratégie politique à Rome qui consiste à rechercher n'importe quel allié pour écraser le communisme. L'accord passé avec Mussolini, le soutien apporté à Franco en Espagne, le concordat avec Hitler - tout ceci démontre que le Vatican a perdu son âme ».

Mais avant même le début de la guerre, le rêve papal de bâtir un front anticommuniste s'évanouit : Pie XI réalise qu'Hitler n'est pas le vertueux croisé qu'il prétend être. En 1937, dans son encyclique rédigée en allemand Mit Brennender Sorge (Avec une brûlante inquiétude), le Souverain Pontife met en question la dévotion du IIIème Reich. Mais ce petit sursaut est bien trop tardif. La croisade contre le communisme a été détournée par les nationalistes et les antisémites, et en 1939, tandis que les armées fascistes se répandent en Europe, le Pape s'éteint.

Le successeur de Pie XI n'est autre que le cardinal Pacelli, que Benoît XV avait envoyé comme ambassadeur pour discuter avec les bolcheviques, dans les années 20, et c'est encore lui qui a signé, avec la bénédiction du Saint Père, le concordat avec Hitler. Pacelli a toujours crié haut et fort sa peur du communisme mais devenu Pie XII, il refuse de s'exprimer quand la Wehrmacht envahit la Pologne, pays catholique, en 1939.

Milovit Kuminski (Institut de philosophie - Université de Cracovie) :

« Le problème, dans l'attitude du Vatican devant la situation en Pologne, c'est qu'il est resté muet pendant un certain temps. En 1942, le Président du gouvernement polonais en exil à Londres, Wladislav Raczldewicz, a écrit au Pape Pie XII disant que les événements en Pologne étaient tragiques et qu'on ne voulait pas d'autre aide qu'une déclaration publique sur cette situation).

Shimon Samuels :

« Le Pape Pie XII, très certainement beaucoup plus que n'importe quel autre dirigeant au Vatican, connaissait l'Allemagne et ses problèmes politiques spécifiques qui avaient ouvert la voie au nazisme. Il savait à quoi ressemblait l'assise du national- socialisme ; après tout ilavait été nonce apostolique en Allemagne, il y avait vécu longtemps, il parlait allemand. C'est le pape par sa complicité passive et par omission, qui a accordé son aval à!L'Holocauste »,

Milovit Kuminski :

« Pour les juifs, la situation était désespérée car ils étaient enfermés dans des ghettos puis envoyés dans des camps de concentration. Le problème était que si on leur venait en aide, par exemple si on leur donnait de la nourriture, on était condamné à la peine de mort. Les gens qui les abritaient, s'ils se faisaient prendre, étaient abattus sur-le-champ ».

Pie XII a pourtant !'occasion d'intervenir sur les atrocités commises par les nazis aux portes même du Vatican : 335 Italiens sont acheminés dans les fosses ardéatines à Rome où ils sont ligotés et passés par les armes. Les victimes ont été sélectionnées par le SS Erich Prichke.

Shimon Samuels :

« Mr Prichke, interprète des SS à Rome, a participé directement à la sélection, il était officier de liaison auprès du Vatican. D'après ses dires, il aurait sollicité une intervention du Saint Siège pour court-circuiter les représailles ; ilprétend n'avoir jamais eu de réponse ».

Malgré des occasions d'intervenir, Pie XII ne fait aucun commentaire sur l'extermination des Juifs ni sur la collaboration d'ecclésiastiques de haut rang avec les fascistes de Croatie et de Slovaquie.

Robert Tast :

« L'Eglise catholique aurait-elle dû condamer plus fermement la persécution des Juifs en Allemagne ? Je répondrai certainement oui. Je ne pense pas pour autant que Pie XII se soit abstenu de le faire pour des raisons inavouables. Je ne pense pas qu'en n'ayant rien dit, ilait eu, de quelques manière que ce soit, des tendances fascistes contrairement à l'interprétation decertains».

Shimon Samuels:

« Dans les archives nous avons découvert des relations effectives avec Ante Pavelitch, l'homme qui a fait exterminer en masse des Serbes, des Gitans et des Juifs de Croatie. Il travaillait main dans la main avec des responsables du Vatican et n'a jamais été poursuivi. Oui des criminels de guerre ont bien travaillé pour le Vatican ».

Mikaël Odintsov:

« L'Eglise catholique en Croatie a soutenu les Oustachis fascistes et ce soutien n'a pas cessé, malgré les terribles atrocités commises à l'encontre des orthodoxes soviétiques en territoires croates. Il y eut des événements effrayants, au cours desquels des catholiques ont massacré des serbes orthodoxes - ils les ont décapités, ont rempli des bateaux avec leurs têtes, et ont écrit sur la coque « viande ». Nous avions tous compris que le Vatican ne cesserait pas de soutenir les fascistes et qu'il resterait à leur côté. Et en 1945 le Pape a déclaré que l'athéisme était le pire danger »

  Tandis que le Vatican se mure dans le silence face aux crimes nazis, Staline se félicite de ses succès industriels et guerriers. Mais derrière ces triomphes se cache un régime qui, à l'instar de son adversaire nazi, a recours à la terreur et aux pressions sur une grande échelle. Staline répond aux critiques du Vatican par la dérision et demande : « Après tout, de combien de divisions le Pape dispose-t-il ? »

Robert Tast :

« Je ne pense pas qu'il soit possible d'exagérer l'ampleur que représentait le péril communiste. je ne dis pas cela à cause de ce qu'il a fait aux croyants, aux gens d'obédience religieuse, aux églises, etc., mais à cause de ce qu'il a fait à tout le monde. Hitler a massacré les Juifs - bien sûr, ce génocide terrible, appelé à juste titre Holocauste, a été l'acte le plus abominable de l'histoire de l'Allemagne, mais il ne faut pas oublier que Staline était un meurtrier du même acabit : il ne s'est pas seulement attaqué à un groupe ethnique ou religieux, ou un autre :il en avait après tout le monde. Hitler a, à peu près, laissé son peuple tranquille ».

Quel que soit le nombre de victimes imputables à ces deux tyrans, à la fin de la Deuxième Guerre Mondiale, c'est bien la nation athée, l'Union soviétique, et non l'Allemagne catholique, qui se trouve dans le camp des vainqueurs. Ce n'était pas l'issue que le Souverain Pontife avait souhaitée. Aussi lorsqu'il sort finalement de son mutisme, c'est pour en appeler au pardon chrétien et à la réconciliation au nom des vaincus.

Shimon Samuels :

« Une fois le conflit terminé, et à la veille de la guerre froide, il est évident que les deux camps, les Etats- Unis d'un côté, et l'Union soviétique de l'autre, se sont mis à recruter des criminels de guerre pour l'étape suivante. Ils étaient en concurrence pour trouver, au sein des services de renseignements, des nazis qui, dans le passé, avaient été des espions - et on a tiré un trait sur certaines choses. Le rôle joué par le Vatican pendant la Deuxième Guerre Mondiale n'était plus à l'ordre du jour, et la papauté a poursuivi sa lutte anticommuniste dans le cadre de la guerre froide, dans le camp des Occidentaux ».

Andrea Riccardi (historien-Rome) :

« Comment était-il possible que celle qui avaient été théoriquement du bon côté, ne restent pas du côté d bien ? C'est la vraie difficulté psychologique du Vatican pendant la guerre :l'impartialité des représentants du bien qui n'ont pas choisi le camp du bien. Le Vatican n'est pas antifasciste.

Pourquoi ? Parce qu'il ne considère pas la victoire sur les forces fascistes nazies comme la seule à remporter ».

Général Jaruzelski (1"ministre de Pologne 1981- 1983) :

« Parfois des alliances se forment entre des forces très différentes qui ont des objectifs en commun. Après tout, la coalition antinazie Churchill, Roosevelt, Staline était la combinaison de l'eau et du feu. En fait, elle avait un ennemi commun qu'il lui fallait vaincre, les nazis, mais une fois le système national- socialiste détruit, la coalition a volé en éclats ».

Le Vatican voulait vaincre le communisme, mais en 1945, quand les Alliés redessinent le plan physique et idéologique de l'Europe, ils ne prêtent aucune attention au Pape qui les exhorte à se méfier des ambitions de Staline. L'Union Soviétique se voit accorder le contrôle de l'Europe Centrale et de l'Europe de l'Est à majorité catholique. Le pire cauchemar de Pie XII vient de devenir réalité : des millions de croyants, loin d'être libérés, vont bientôt se retrouver derrière le rideau de fer. Dans l'Ouest de l'Europe, la notoriété du communisme ne cesse de croître. En Italie, le parti communiste semble même en mesure de l'emporter aux élections. La Papauté se cherche désespérément un nouvelallié:lesEtats-Unis sont les seuls à se présenter en tant que tel, et réalisent qu'ils ont besoin du Pape.

Roland Flamini (écrivain : « Le Pape premier Président ») :

« Les Américains se penchent d'abord sur la situation et voient deux choses : un rapide renforcement du communisme stalinien (en d'autres termes le communisme sous forme de menace maximale), et, regardant l'Europe, ils se demandent où tracer une ligne, et ils'avère que cette ligne se situe en Italie. A cette époque il était impossible de trouver un seul parti politique en Italie qui puisse offrir une majorité sans les communistes.

On s'adresse donc au clergé pour trouver de l'aide. C'est le premier contact avec le Saint- Siège. Ensuite, en regardant le Vatican, on s'aperçoit que le seul contrepoids valable en termes de chiffre, à l'empire communiste, c'est une organisation qui guide la vie spirituelle de 500 millions de personnes »

Les Américains et le Vatican se trouvent donc une cause commune : combattre le communisme italien. Marisa Rodano et son mari Franco, à la fois catholiques et communistes, ont appartenu à une organisation qui s'efforçait de réunir ces deux credos.

Marisa Rodano (Mouvement Communisti cattolici 1946 - 1960) :
« L'atmosphère était incroyable car les curés prêchaient pendant la messe dans les églises, ils disaient aux gens de ne pas voter pour les communistes mais pour les démocrates- chrétiens, car les communistes allaient provoquer la guerre. Les cosaques et leurs chevaux viendraient boire dans les fontaines de la place Saint Pierre. On entendait ce genre de choses partout. Par exemple les religieuses disaient aux enfants à la maternelle « dites à vos Parents de ne pas voter communiste sinon on vous retirera de vos familles et vous ne reverrez plus jamais votre mère ».

Les Américains voulaient simplement tenir les communistes à l'écart. Ils y sont parvenus en dépensant des fortunes, en utilisant la toute nouvelle agence centrale de renseignements, la CIA, et de fervents agents anticommunistes. L'un d'eux, Mark Wyatt, a été envoyé à Milan et a presque immédiatement pris contact avec l'archevêque de Milan, Batista Montini.

Mark Wyatt (chef du bureau CIA à Milan 1946- 1962) :

« On m'a téléphoné pour me dire que l'archevêque souhaitait me voir et il m'a expliqué que si la ville de Milan se retrouvait dirigée par un communiste ce serait terriblement embarrassant nécessairement pour lui, mais pour tout le pays, car Milan était vraiment la capitale industrielle italienne. Il m'a dit : « Vous utilisez de nombreux petits camions équipés de haut- parleurs très puissants », j'ai bien sûr reconnu que c'était le cas.
« J'aimerais en avoir beaucoup »

Je lui ai répondu :« Croyez-moi, vous en aurez ». Il l a été ravi et il a accepté.Il a pris conscience de qui j'étais, je n'avais pas mentionné les trois lettres de CIA. Et pour Montini, le revirement a été complet. Les Etats Unis étaient vraiment les rois, nous étions au sommet ».

Et les choses vont encore s'améliorer. Les démocrates-chrétiens remportent les élections, et les relations s'ouvrent entre les Etats Unis et le Vatican. Un an plus tard, en 1949, Pie XII, qui avait refusé d'excommunier les fascistes pendant la guerre, publie un décret d'excommunication contre les communistes : les membres du P.C et ses sympathisants se voient refuser les saints sacrements, le droit à la confession, au mariage et à l'enterrement.

Marisa Rodano :

« Les pauvres étaient furieux. Beaucoup d'entre eux se sont dit « que vais-je faire, je suis pauvre, je me bats pour survivre, pour ma famille, pour avoir un meilleur salaire, et j'ai droit à la justice, mais l'Eglise est contre moi. Je suis catholique et je resterai croyant, mais je ne crois plus aux prêtres et en l'Eglise ».

Andrea Ricardi :

« C'est le signal ultime de Pie XII : quel est-il ? Pour les communistes il n'y a plus rien à faire. Quant à ceux qui veulent négocier, ils se bercent d'illusions, tout ce qui reste, c'est le martyre et la prière ».

Les Américains ne croient ni au martyre ni à la prière. Ils mènent une campagne de propagande agressive et embauchent des comédiens pour incarner les protagonistes de la guerre froide. L'un d'eux finira d'ailleurs par décrocher le véritable premier rôle, Ronald Reagan.

Annonce publicitaire pour récolter des fonds, présentée par R.Reagan :

« L'an dernier, les dons de 60 millions d'Américains à la Croisade pour la Liberté ont permis de construire le puissant émetteur de radio de 135.000 watts « Radio Free Europe ». La Croisade pour la Liberté est pour nous une occasion de combattre le communisme. Saisissez-la en envoyant vos dons au

Général Clay - Croisade pour la Liberté - Empire State Building - NewYorkCity ».

La mort de Staline en 1953 apporte un espoir de changement à l'Est. En 1956, une étincelle allumée entre autres par les appels à la résistance des Américains et les avertissements de la Papauté contre la pérennisation des reg1mes communistes, enflamme la Hongrie mais la réponse soviétique, brutale, ne se fait pas attendre.

Père Constantin Simon(Etudesslaves-Rome):

«Le soulèvement de la Hongrie en 1956 a été considéré comme une grande défaite par les responsables du Vatican. Bon nombre d'entre eux ont probablement pensé que le communisme était là pour très longtemps et que progresser serait très difficile, particulièrement si on voulait discuter avec ces gouvernements dans le but de fournir des conditions meilleures aux catholiques qui vivaient sous ces régimes ».

Les catholiques de l'Est semblent n'avoir, pour l'heure, qu'une alternative :le martyre public ou la conciliation. En Hongrie, en 1956, le cardinal Mindszenty se réfugie à l'ambassade américaine. Il y restera 15 ans et deviendra le symbole de l'opposition implacable de l'Eglise au communisme. A l'inverse, en Pologne, le cardinal Wyszynski continue de dialoguer, en échange de la reconnaissance de la légitimité du régime. Il assure une liberté de culte limitée aux Polonais. Pie XII encense la martyre de Mindszenty et voue aux gémonies le compromis de Wyszynski. Le jugement sans aménité du Pape satisfait un jeune membre du clergé polonais, Carol Wojtyla, qui va, lui aussi, jouer un rôle dans la bataille anticommuniste menée par les catholiques.

Mais avec la mort de Pie XII en 1958, une nouvelle ère de relations entre le Saint Siège et le Kremlin est sur le point de s'ouvrir. La tiare papale repose désormais sur la tête d'un homme prêt à changer d'attitude vis-à-vis de Moscou, Jean XXIII.

Andrea Ricardi :

« Au début des années 60, Jean XXIII était convaincu qu'il fallait parvenir à un accord car les évêques de l'Europe de l'Est étaient morts, les églises étaient fermées et on ne pouvait plus y ordonner de prêtres. Il a essayé de faire la différence entre les idéologies et les mouvements historiques et de traiter ensuite avec les hommes de l'époque »

 L'Union Soviétique, l'homme fort s'appelle Nikita Khrouchtchev et il est, lui aussi, d'humeur conciliante. Après avoir dénoncé le culte de la personnalité de Staline lors du douzième congrès du parti, il s'attelle à réformer l'état mais le régime compte encore beaucoup d'hommes influents qui ont servi Staline et qui sont hostiles à tout changement. Pour renforcer sa position dans son pays, Khrouchtchev choisit de démontrer *sa* crédibilité sur la scène internationale.

Colonel Leonid Kolossov (KGB - Rome 1962 - 1969) :

« Tout d'abord Khrouchtchev a réussi à découvrir que Jean XXIII allait changer de politique à l'égard des pays socialistes. Il a voulu assurer sa crédibilité en tant que militant pour la paix dans le monde, en instaurant des relations amicales avec le Vatican ».

Ce renseignement est récolté par les services secrets soviétiques et confirmé en octobre 1962 quand Jean XXIII invite l'adversaire du Saint Siège, l'Eglise orthodoxe russe, à prendre part au Concile Vatican 2. Khrouchtchev saute sur l'occasion.

Roland Flamini :
« Le Pape communiquait avec l'empire communiste, et ça, ça inquiétait les Américains bien sûr, mais aussi *les* Italiens, et tous les autres pays occidentaux et surtout ceux de confession catholique. La fameuse croisade anticommuniste prononcée par l'encyclique de Pie XII était, sinon terminée, du moins affreusement bancale ».
Avec le durcissement de la guerre froide, les Américains s'inquiètent de plus en plus de l'apparent revirement d'allégeance du Saint Siège. lis sont au comble de la colère quand ils apprennent que Nikita Khrouchtchev a même arrangé une audience secrète avec Jean XXIII pour son gendre, Alexei Adjoubei, initialement prévue pour mars 1963. L'homme qui prépare cette rencon tre est un colonel du KGB, Léonid Kolossof.

Leonid Kolossov (colonel du KGB) :
« En Occident on appelait Jean XXIII « le pape rouge », car les Américains avaient très peur de voir des relations diplomatiques se développer avec le Vatican. L'Eglise catholique avait été une arme pour eux pendant le règne de Pie XII et jusqu'à l'arrivée de Jean XXIII. La presse américaine et tous les agents de ce pays en Italie se sont alliés pour compromettre les négociations et empêcher toute rencontre entre Nikita Khrouchtchev et Jean

XXIII » .

Ce n'est pas une conspiration, mais la mort prématurée du Souverain Pontife en juin 1963 qui fait avorter la rencontre. Peu de temps après, Khrouchtchev est évincé de son poste et les relations entre le Vatican et le Kremlin se refroidissent. Le successeur de Jean XXIII, Paul VI, est le cardinal Montini, l'archevêque de Milan qui avait travaillé avec les Américains pour contrecarrer les espoirs communistes lors des élections de 1948. En diplomate avisé, il décide de poursuivre dans la voie du dialogue avec l'Est ouverte par son prédécesseur. C'est alors que les Américains découvrent les avantages d'une telle politique.

Roland Flamini :
« Les relations qu'a entretenues le gouvernement américain avec le Pape Jean XXIII n'ont rien de comparables avec celles qu'il a entretenues avec Paul VI : elles ont atteint un niveau de coopération très élevé. Lorsque le directeur de la CIA voulait rencontrer le Pape en tête-à-tête, cela pouvait se faire. Ce n'est pas facile d'obtenir des audiences privées avec le Souverain Pontife à moins d'être roi ou chef d'état, mais lui y arrivait. Cette personne s'enfermait avec le Pape pendant une heure ou deux, ce qu'on n'avait quasiment jamais vu »

Andrea Ricardi :
« Ce qui intéressait beaucoup les Etats Unis, c'était les renseignements que le Vatican recueillait grâce aux allées et venues des prélats dans l'Est, grâce aux réseaux de l'Eglise un peu bancals certes mais toujours opérationnels. Le Vatican dans les années 60, 70, et 80 a été un carrefour entre l'Est et l'Ouest, bien plus qu'on ne le sait ou qu'on l'imagine ».

Les relations diplomatiques de Paul VI avec les régimes communistes apportent un nouvel espoir aux églises dans certains pays du bloc de l'Est. En Pologne elles encouragent certains, comme le cardinal Wojtila, devenu archevêque de Cracovie, à faire pression sur le régime, en vue de construire de nouvelles églises, et à critiquer les répressions menées pendant les grèves dans les chantiers navals en 1967. L'intensification de la résistance polonaise reste une exception dans les pays de l'Est, dans la mesure où elle reçoit la bénédiction et le soutien de l'institution la plus puissante après le parti communiste, l'Eglise catholique, et Karol Wojtila sert de catalyseur spirituel à cette lutte.

Carl Bernstein (écrivain - *« Sa Sainteté Jean Paul II et l'Histoire cachée de notre époque »*) :
« Il n'y avait jamais eu d'alliance ouvrière anticommuniste dans un pays à régime socialiste. La Pologne, contrairement aux autres nations des pays du bloc soviétique, avait une population à 95 % catholique et la tradition messianique polonaise veut que les Polonais soient la nation christique : un jour ils se relèveront après avoir enduré toutes les souffrances, les partitions et les massacres, pour guider l'humanité vers une nouvelle ère de lumière ».

Le gouvernement américain, loin d'être réputé pour son soutien aux causes ouvrières tant chez lui qu'à l'étranger, se félicite du soutien de l'Eglise de Pologne. Le président Jimmy Carter et son conseiller à la sécurité Zbigniew Brzesinski, un fervent anticommuniste originaire de Pologne, estime que cette noble résistance pourrait, avec quelque assistance, devenir une grosse épine dans le pied de leur vieil ennemi.

Zbigniew Brzesinski (conseiller pour la sécurité nationale de Carter 1976 - 1980) :
« Nous nous sommes engagés en faveur des droits de l'homme et à bien des titres la Pologne était le point faible du bloc soviétique. Yu le contexte, nous avons soutenu cette opposition de diverses manières ».

Zbignew Bujak (responsable Solidarnosc) :

« L'opposition en Pologne *est* globalement apparue grâce à la notion des droits de l'homme défendue par Carter et créée par Brzesinski, qui était d'origine polonaise, qui connaissait notre système et qui l'a, je crois, très bien compris ».
En octobre 1978,l'opposition polonaise reçoit un coup de pouce formidable et inattendu :le cardinal et archevêque de Cracovie, Karol Wojtila est élu Pape.

Père Josef Tischner (écrivain, magazine catholique - Cracovie) :
«Pour nous cela a été une énorme ironie de !'Histoire. Le clergé polonais avait réussi à se montrer à la hauteur. Qu'un ouvrier polonais puisse être élu Pape dépassait la compréhension des grands penseurs marxistes et même celle des poètes les plus imaginatifs !».

Général Jaruzelski :
« Le Saint Père avait gagné. Après presque cinq cents ans un Polonais avait gagné !Cela avait presque l'air d'une pitrerie, mais la réaction a été politique. On a craint que la puissante Eglise polonaise qui n'entretenait pas de bonnes relations avec l'Etat ne se sente encouragée et gagne encore en puissance à cause de ce Pape »

En Union soviétique, l'élection de Karol Wojtila réveille de vieux antagonismes, qui suscitent de nouvelles craintes.

Vadim Zagladin (op.dt) :
« Pour nous, Karol Wojtila étant un Pape polonais, cela ne pouvait qu'avoir des effets négatifs. Bien sûr, Nous savions que les Etats Unis avaient soutenu son élection et que cela faisait partie de leur campagne de déstabilisation de l'Union soviétique dans l'ensemble de l'Europe de l'Est ». Même s'ils nourrissent des soupçons, les Soviétiques sont incapables de prouver une quelconque participation américaine dans l'élection du Souverain Pontife. Il ne faut pourtant guère attendre pour découvrir les projets de Washington à l'égard du Vatican et du bloc soviétique. Un des futurs artisans de ce plan, l'ancien directeur adjoint de la CIA, Vernon Wallers est à Rome lorsque la fumée blanche monte au- dessus du Vatican.

VernonWalters(adjoint CIA1972-1976):
« Je me trouvais Place St Pierre le jour où Jean Paul II a été élu. Quand il est sorti et a béni la foule, je me suis dit : « Voilà un homme qui a vécu avec le communisme. Ce nouveau Pape sait certainement de quoi il retourne et il peut vraiment nous être utile à empêcher le communisme de s'abattre sur le monde »

Dans le dernier quart du vingtième siècle, la guerre entre le Vatican et le Kremlin se déroule en Pologne. Les Etats-Unis sont entrés dans la partie. A la fin des années 70, Ronald Reagan est candidat à l'élection présidentielle américaine et Karol Wojtila est élu Pape. Ces deux hommes vont tenir les principaux rôles du dernier grand drame du siècle. L'élection du cardinal Wojtila a suscité la nervosité de Moscou. Les Soviétiques s'inquiétaient toujours lorsque l'on parlait de la Pologne en raison de l'énorme influence qu'y exerçait l'Eglise catholique dès lors que l'homme fort du Vatican était Polonais. Les Russes pensaient que le glas de ce pays venait de **sonner.** Les Américains ont fort bien compris ce que le Souverain Pontife représentait, à savoir qu'il incarnait l'autorité légitime, et que de manière intentionnelle il rassemblait les Polonais autour de lui et leur insufflait la volonté d'agir. Les Américains espèrent que ce nouveau Pape va leur permettre d'arriver à leurs fins dans le bloc de l'Est.

Même s'ils sont incapables de le prouver, les Soviétiques soupçonnent que leurs adversaires ont arrangé l'élection du cardinal polonais, mais ces spéculations n'ont déjà plus d'intérêt. Fin juin 1979, Jean Paul II effectue son premier voyage papal dans son pays natal. Ce qui se passe alors surprend le monde.

Marco Politi (Coauteur de *« Jean Paul II ; Histoire cachée de notre époque »)* :
« j'ai participé à ce voyage et je me souviens que l'atmosphère en Pologne était absolument incroyable. On aurait dit la fête d'indépendance, le drapeau rouge a complètement disparu pendant ces dix jours. Le futur chef du syndicat Solidarnosc a très bien compris que cette foule et ces grands rassemblements religieux étaient en fait une espèce de gigantesque manifestation anticommuniste >>.

Zbigniew Bujak :
« En voyant ces gens sur la place, nous avons compris qu'ils voulaient non seulement ne plus soutenir le système communiste, mais qu'ils étaient désormais prêts à le combattre »

PèreRobertF.Tas:
« On raconte que Staline aurait un jour demandé à Churchill « de combien de divisions le Pape disposait ». Quand on a vu des centaines de milliers de gens sur les places lors de la visite du Pape en Pologne, on a eu la réponse. Voilà de combien de divisions il disposait ».

Le soutien immense dont bénéficie au cours de ce voyage Jean Paul II, retient l'attention du monde. Les Américains sont très attentifs à la déclaration du Souverain Pontife à propos de la situation polonaise. Le premier pape polonais fait un discours remarquable sur la place de la Victoire au cours duquel il a déclaré :
« Exclure le Christ de toute chose est un péché, pas contre Dieu inais contre l'homme ».

Carl Bernstein :
« Or à ce moment-là un homme regardait les informations télévisées à Santa Barbara en Californie, c'était Ronald Reagan. A ses côtés se tenait son futur conseiller à la sécurité nationale, Richard Allen ».

Richard Allen (Conseiller Sécurité 1980 - 1983) : « Je n'avais aucune idée en tête à l'époque, pas plus que Reagan, mais nous savions le symbole que cela représentait, c'était sidérant. J'ai relié cet événement à un autre : Reagan m'avait dit une première

fois qu'on pouvait combattre les communistes. Quand je lui ai demandé ce qu'il entendait par là, il m'a répondu : « on gagne à perdre ». C'était une réponse très simple ».
Ronald Reagan est à quelques mois de s'installer à la Maison Blanche et il pourra mettre en pratique sa stratégie sur le front de la guerre froide. Mais pour l'heure, d'autres événements surviennent.En signe de menace contre un mouvement de résistance de plus en plus vigoureux, les forces soviétiques entament des manœuvres aux frontières polonaises. Cet étalage de puissance donne aux Américains l'occasion de mettre à l'épreuve le nouveau Pape. C'est le conseiller à la défense nationale du Président Carter, Zbigniew Brzezinski, qui prend contact. En 1980, la menace d'invasion est apparue et Brzezinski a appelé le Pape pour intercéder auprès des dirigeants catholiques d'Europe occidentale afin de faire pression sur les Soviétiques et les empêcher d'envahir la Pologne.

Carl Bernstein :
"Je pense que cela a été un tournant décisif, car le Saint-Père a immédiatement annoncé : Je vais le faire ».

Zbigniew Brzezinski :
« Mon but était de m'assurer que le Pape avait bien compris ce qui risquait de se passer et ce que nous essayions d'éviter. Nous savions que le Saint Père représentait une grande force morale et que cela avait des conséquences dans le domaine politique ».

Vadim Zagladin :
« Il faut comprendre que la situation pour nous était très inconfortable. Que pouvions-nous faire contre la position du Pape ? Rien. Envoyer l'armée, impossible. C'était très difflcile compte tenu de la participation du Vatican. Pour nous ce qui

était très important, c'est que le Vatican était non seulement un Etat, c'était aussi une religion ».

Zbigniew Brzezinski :
« Le 5 décembre à 18heures, des ordres sont partis de Moscou vers les unités soviétiques stationnées en Pologne, puis vers les unités d'Allemagne de l'Est et de Tchécoslovaquie qui étaient censées accompagner les forces soviétiques. Les ordres étaient d'interrompre leur avance et de revenir à leur point de départ. L'alerte a été chaude ».

Trop chaude pour les Soviétique. Ils envoient le camarade Zagladin à Rome pour assurer le Pape qu'aucune intervention en Pologne n'est, pour l'instant, à l'ordre du jour. Ronald Reagan, fraîchement élu, a trouvé un poste pour l'ancien émissaire de Carter, Brzesinski.

Fervent chrétien, le nouveau Président lance une croisade politico - religieuse combinant la puissance américaine et l'influence vaticane pour mettreàbasl'empire soviétique.

Trop chaude pour les Soviétique. Ils envoient le camarade Zagladin à Rome pour assurer le Pape qu'aucune intervention en Pologne n'est, pour l'instant, à l'ordre du jour.
Ronald Reagan, fraîchement élu, a trouvé un poste pour l'ancien émissaire de Carter, Brzesinski. Fervent chrétien, le nouveau Président lance une croisade politico - religieuse combinant la puissance américaine et l'influence vaticane pour mettre à bas l'empire soviétique.
Le soutien de Ronald Reagan et de Jean Paul II à la résistance en Pologne coïncide avec la création du premier syndicat indépendant du bloc de l'Est. Celui- ci, qui se baptise

Solidarnosc, est dirigé par un électricien des chantiers navals,Lech Walesa.
Le syndicat va tirer parti de son alliance avec l'église catholique, ce qui n'échappe pas à l'attention du Kremlin.

Carl Bernstein :
« Tout de suite après le début des grèves, on a entendu Brejnev ouvrir une réunion du Politburo en disant que la contre-révolution en Pologne avait atteint sa force maximale. Lech Walesa sillonnait le pays d'un bout à l'autre et les gens tombaient à genoux devant lui. Ils se mettaient à obéir à l'Eglise alors que pour tous les autres pays communistes, cette dernière n'existait quasiment pas. Pourtant en Pologne elle a si bien résisté que c'est elle qui a même organisé la contre-révolution. A chacune de ses rencontres avec Jaruzelski, Brejnev ramenait sur la table le sujet du Pape et de l'Eglise "·

Général Jaruzelski :
« Les discours de certains membres du Politburo disaient que c'était scandaleux, que je ne croyais pas du tout qu'il fallait combattre l'Eglise, que je ne voyais pas qu'il fallait agir contre le culte qu'on vouait au Pape. Ils ont même écrit que les Polonais rampaient devant le Saint-Père, que les autorités n'avaient rien fait contre et continuaient à ne rien faire »

Même si les troupes du pacte de Varsovie ne sont pas entrées en Pologne !'année précédente, les Américains et le Vatican comprennent, en 1981, que le régime polonais subit de nouvelles pressions pour agir contre Solidarnosc.
En accordant publiquement leur soutien au chef du mouvement, Reagan et Jean Paul II créent la panique à Moscou qui

comprend alors que la vulnérable organisation dispose d'amis haut placés.

Jan Nowak (Directeur de Radio Free Europe) :
« Il ne fait aucun doute que le Pape et Walesa entretenaient de très bonnes relations et le Souverain Pontife a beaucoup fait pour élever le prestige et la position de Walesa en étant tout simplement très cordial avec lui et avec sa femme qui était une catholique fervente. La façon dont il se comportait avec Walesa en public signifiait « Je soutiens cet homme,c'est lui qui amaconfiance » et bien sûr, cela a énormément contribué à asseoir la position de leader de Walesa »

Richard Acardi :
« Le Pape savait depuis toujours que Lech Walesa n'était pas un grand homme politique mais ila senti, à ce grand tournant de l'histoire, qu'il incarnait le besoin de liberté et d'autodétermination des Polonais. C'est la raison pour laquelle le Saint Père a défendu Walesa jusqu'au dernier moment ».

General Jaruzelski :
« Walesa est devenu le symbole de Solidarité, il n'était évidemment pas un intellectuel. C'était le rôle de Michnik et d'autres éminents intellectuels. Walesa n'était que la bannière, c'était un ouvrier qui s'était vu offrir ce rôle.
Les Etats Unis ont raisonné de manière logique. Si j'avais été à la place du Président Reagan, j'aurais probablement agi comme lui et son pari sur ce « cheval ».

Lech Walesa :
« Bien sûr il n'y avait aucune conspiration entre le Pape, Reagan et moi, absolument aucune. Le Saint Père nous a aidés à croire

en nous. Il a attiré notre attention sur des valeurs et ce sont elles qui ont détruit le système dépourvu, lui, de toute valeur. Quoi que ce soit d'autre est inimaginable. C'était la seule façon d'arriver à notre but, grâce à l'aide de Dieu et à la foi ».
Lech Walesa ne pouvait pas savoir grand-chose de la coopération entre le Vatican et les Etats-Unis.
Walesa et Solidarnosc devaient s'en douter, d'après les déclarations officielles de Reagan. Ils admiraient le Président, car il avait dit que l'Ouest devait faire tout ce qui était possible pour soutenir le syndicat. Reagan a marqué un tournant dans l'histoire du monde et les communistes ont compris le message. Il déclare dans un discours : « Prions pour le salut de ceux qui vivent dans les ténèbres de ce totalitarisme. Ils souffrent du mal de notre monde moderne et des aspirations agressives de l'empire du Mal. Traiter la course aux armements de gigantesque incompréhension est une pure folie. Cela revient à trahir notre passé, à gaspiller notre liberté. Pouvons- nous douter que la Divine Providence a fait de ce pays, de cette ile de liberté, un refuge pour les gens qui rêvent de respirer librement ? »

En 1981, à six semaines d'intervalle, on tente d'assassiner le Président américain et le Saint Père. L'agresseur de Reagan n'était pas motivé par des raisons
politiques, en revanche de forts soupçons se portent sur les commanditaires supposés de la tentative d'assassinat du Pape. Par un coup du sort extraordinaire, les deux super puissances se mettent d'accord pour dire que l'opération est bien trop importante pour que les services secrets bulgares l'aient organisé seuls.

Richard Allen :
« Je pense que c'était possible et je crois que Reagan le croyait

également, qu'il s'agissait d'une opération téléguidée par le KGB et les services secrets bulgares, ou d'un quelconque homme de main utilisé dans ce but.

Il fallait avoir la capacité de compartimenter et de canaliser des incidents de ce genre pour faire porter le chapeau a quelqu'un plutôt qu'en se désignant directement comme responsable. Les Soviétiques étaient très doués pour ça, et ils le sont toujours »

Général Oleg Kalugan:
« Les Bulgares n'ont jamais eu de problème avec le Vatican et ils ont toujours été des serviteurs serviles obéissants du KGB. Le seul qui aurait pu !'organiser, c'était le ministre de !'Intérieur. Son ministère était une annexe du KGB. Comment pouvaient-ils agir par eux-mêmes ? Organiser une tentative d'assassinat sur la personne du Pape est tout bonnement incroyable, c'est de la science- fiction.

Les Américains eux-mêmes auraient pu commettre cet attentat sur le Pape, ne serait-ce que pour déclarer immédiatement que l'Union Soviétique y était impliquée. Je pose la question : Etes-vous sûr que les Américains ne l'ont pas fait ?

Les Soviétiques partent du principe que les Américains avaient bien plus à y gagner car ils pouvaient accuser le Kremlin et discréditer le communisme. Aucune de ces théories du complot n'est prouvée par le procès de Mehmet Ali Agsa et en fin de compte, ça n'a pas d'importance ».

L'Occident est convaincu que les Soviétiques voulaient éliminer le Saint-Père en tant que symbole de la résistance dans le bloc de l'Est et l'instauration en 1981 en Pologne de la loi martiale est une indication de plus de la détermination des communistes.

General Jaruzelski :
« Pour les Américains il est grand temps d'avertir le Pape de la menace soviétique. Reagan lui envoie le général Vernon Walters pour lui expliquer la nécessité d'un réarmement occidental pour contrer la puissance du bloc de l'Est »

Carl Bernstein :
« Walters est arrivé porteur de photos satellites, de graphiques sur les forces en présence et plus particulièrement sur la puissance de feu des missiles soviétiques et il les a montrés au Pape pour le convaincre qu'il fallait, à des fins défensives et non offensives, installer des missiles de la nouvelle génération en Europe occidentale ».

Cardinal Agostino Casaroli :
« Je crois que le général Walters a apporté au pape des photos satellites qui désignaient la présence de forces armées. Nous avions reçu et nous recevions toujoursdes renseignements à ce sujet, mais sans entrer dans aucune alliance stratégique.
 Nous rassemblions simplement des renseignements et c'était très intéressant pour nous ».

Général Vernon Walters :
« Mais mes deux plus fortes impressions,pendant mes visites à Jean Paul Il, ont été tout d'abord qu'il m'accueillait toujours par cette phrase : « Vous êtes venu éclairer mon ignorance »,voulant dire par-là qu'il ne savait rien sur le sujet, alors que lui et moi savions qu'il n'en était rien. La deuxième impression, c'était le détail et la nature technique des questions qu'il me posait au sujet des photos, sur la façon dont elles avaient été prises, etc. La première que je lui ai montrée représentait une base de lancement de missiles soviétiques avec treize silos contenant

chacun un missile équipé de dix têtes nucléaires. J'ai dit « ça c'est la mort de cent trente mille Américains ».

En 1982, Ronald Reagan rencontre pour la première fois le Souverain Pontife à Rome.
Tous deux étaient convaincus qu'ils avaient été sauvés par la divine Providence pour remplir leur mission et ça les a rapprochés l'un de l'autre. Ils étaient convaincus de devoir combattre ensemble le système communiste.

Thomas Melady (ambassadeur extraordinaire au Vatican1989-1993):
« Pendant les vingt premières minutes ils ont échangé des civilités. Ils avaient tous deux failli être tués à un mois d'intervalle et avaient profondément réfléchi à la miséricorde divine. Au cours de la discussion, ils en sont venus à parler d'un discours que le Saint Père avait fait lors de son premier voyage papal en Pologne. Lors d'un séminaire, il avait dit qu'un jour toute l'Europe serait libre. Le Président Reagan a demandé : « quand ?». Et le Pape a répondu : « de notre vivant ». Et ils se sont serré la main. Ce fut un moment chaleureux et spontané, et le Président a dit : comment peut-on vous aider ? ».

Les chefs de Solidarnosc étant en prison et les syndicalistes obligés d'entrer dans la clandestinité à cause de la loi martiale, le Président américain trouve lui-même la réponse : la Pologne.

Caxl Bernstein :
« Le grand secret des Etats Unis au sujet du dénouement de la guerre froide, c'est qu'ils fournissaient au syndicat Solidarnosc, alors entré dans la clandestinité, une aide financière et logistique. Elle s'est montée à plus de trente millions de dollars

entre 81 et 89 et le Pape était au courant. Elle a été cruciale pour assurer la survie de ce réseau clandestin qui s'est maintenu grâce au soutien apporté par la CIA sous forme de matériel de diffusion et de publication. Plus de 25 journaux clandestins ont été publiés par Solidarnosc durant les deux premières années qui ont suivi l'arrivée de cet apport ».

Zbigniew Brzezinski :
« Nous les avons encouragés. Il y avait tout un ensemble de moyens, comprenant une aide technique pour leurs publications, ils avaient besoin de ronéos, de caméras vidéo et ils ont reçu un soutien pour mettre sur pied des radios clandestines et même pour injecter des messages dans les émissions de télévision ». Solidarnosc prétend recevoir le soutien international non pas des gouvernements étrangers mais des ouvriers du monde entier, les syndicalistes en sont fiers, Solidarnosc se considère comme un véritable mouvement de résistance sociale »

JacekMeckel en a été le trésorier pendant la décennie 80 :
« Nous avons obtenu un soutien relativement fort en 1986 quand le Congrès des Etats Unis a décidé de nous donner sans condition un million de dollars et un deuxième en 1987 mais d'après moi le soutien pour notre lutte a été très très faible ».

Général Jaruzelski:
« Solidarnosc recevait de l'argent, beaucoup d'argent probablement des Etats Unis et du Vatican même si nous n'en avons jamais eu la preuve et cependant les dirigeants de Solidarnosc, aujourd'hui encore, clament qu'ils n'ont pas reçu d'argent, ou très peu, les fonds ne provenant que de syndicats étrangers, et ça cest un mensonge ».

Oleg Kagan :

« Les services de renseignements soviétiques avaient eu vent du soutien de Reagan au Pape ainsi que du soutien de la CIA dans les activités de Solidarnosc. En fait la presse russe de l'époque jouait sur le fait que la CIA se trouvait derrière tous les mouvements d'Europe de l'Est et qu'elle servait de centre d'activité idéologique subversive. Le Vatican y participait ». Mais le plan de Ronald Reagan pour disloquer l'empire soviétique ne se limite pas à la Pologne. Le Président franchit un nouvel échelon dans la course aux armements en disposant une nouvelle génération de missiles de croisière dans toute l'Europe. Manœuvre qui provoque une vague de protestations et la désapprobation croissante de l'Eglise. Pour y remédier, Vernon Walters est une nouvelle fois dépêché au Saint Siège pour s'entretenir avecle seul allié que Reagan ne peut se permettre de s'aliéner ».

Vernon Walters:

« Le plan du Président précédent consistait seulement à contenir l'Union Soviétique. Reagan était le premier à concevoir un plan pour l'abattre. Il croyait que nous pouvions défaire le régime soviétique grâce à des pressions économiques mais il était très important pour lui d'empêcher le pape de critiquer un effort de dépenses au moment où c'était notre principal outil pour bloquer et si possible renverser le régime soviétique.

Certains ont dit que Reagan ne s'intéressait jamais à un système d'armes qu'il n'avait pas l'intention d'acheter. Son objectif était de convaincre Brejnev que nous ne voulions pas de course aux armements et que si elle devait avoir lieu, nous ne la perdrions pas car nous étions prêts à dépenser ce qu'il fallait pour arriver à nos fins. ».

Carl Bernstein :
« Le Pape ne s'est pas élevé contre la mise en place de ces missiles malgré ropposition de ses évêques.
C'était absolument capital, et comme l'a dit un sous- secrétaire d'Etat :si le pape s'était levé un dimanche matin en disant : pas de missiles en Europe, nous n'aurions certainement pas pu les déployer ».

Le Président Reagan et le Pape Jean Paul TI partagent donc une même vision mondiale de la menace communiste. En 1985 entre en scène le dernier acteur de cette guerre :Mikhail Gorbatchev, qui vient de devenir secrétaire général du parti communiste et qui répond au mécontentement grandissant dans le bloc de l'Est par des réformes économiques dans le cadre de la Perestroïka et idéologiques dans celui de la Glassnost.
Le Vatican et les Etats-Unis sont intrigués par la volonté de changement du nouvel homme fort du Kremlin, mais le Président Reagan refuse de lâcher les armes et tente le tout pour le tout nfait encore monter les enchères dans la course aux armements, intensifiant ainsi la guerre économique qu'il mène contre l'URSS.

Richard Allen :
« Nous avons permis aux Soviétiques d'obtenir, devoler certains renseignements. Nous les leur avons, en fait, procurés et même parfois vendus, ce qui est encore plus drôle. Et il s'agissait d'une technologie inutilisable - notre objectif étant en fait de leur faire dépenser de l'argent sur des fausses pistes, de les pousser à gaspiller leur argent et ils ont bien mordu à l'hameçon ».

Oleg Kagan :
« Les résultats concrets de ces activités américaines existent indubitablement. Ils nous ont indéniablement porté préjudice, mais pas autant que les Américains l'ont cru ».

Richard Allen :
«Reagan s'est armé pour désarmer. Etait-ce une utilisation improductive de nos ressources ? Oui, on aurait pu les utiliser pour les pauvres, les malades, les affamés. Oui absolument, mais chaque chose en son temps. Or la priorité numéro un des Américains était l'effondrement de l'URSS ».

Vernon Walters part de nouveau au Vatican pour y justifier cette fois le sacrifice des ressources sociales au profit d'un armement de plusieurs milliards de dollars et le rêve d'an ancien acteur de cinéma inspiré par une œuvre de science-fiction

Vernon Walters :
« Finalement, d'après moi, la goutte d'eau qui a fait déborder le vase soviétique n'est venue que plus tard, lorsqu'il s'est agi de la SDI, initiative de défense stratégique, la guerre des étoiles comme on l'a baptisée de manière péjorative. Je puis vous assurer que Ronald Reagan ne croyait pas du tout qu'on puisse créer un bouclier électronique qu'on pourrait allumer le matin en se levant en appuyant sur un bouton et qui nous protégerait efficacement des armes ennemies. Il n'y croyait pas et cela n'avait aucune importance, le principal était que ceux d'en face croient que nous croyions que c'était possible et nous savons aujourd'hui qu'ils dépensaient 37 % de leur budget pour la défense et les postes afférents. C'était ce que Monsieur Reagan voulait et c'est pour cette raison que le régime s'est effondré.

Personne ne peut se permettre de dépenser 37 % de son budget pour la défense »

Général Jaruzelski :
« Il ne faut pas oublier que la course aux armements, dans son état actuel, était devenue intolérable pour l'URSS et que sous les traits de cette pression elle s'est écroulée deux fois plus vite »

Cardinal Casaroli :
« Je ne suis pas expert en questions militaires, mais je constate que si on essaie de recréer les moyens stratégiques construits par Reagan, même s'ils sont par endroits inutiles, on doit y consacrer des millions, des milliards et des milliards de dollars et là, on détruit petit à petit son économie. Je ne suis pas un expert, mais c'était facile à comprendre ».

Richard Acardi :
« Quand l'Académie populaire des sciences a écrit un rapport virulent contre le système de guerre des étoiles de Reagan, le Pape a suspendu sa publication. Quand les évêques américains ont rédigé une lettre pastorale très sèche à l'encontre de la politique de Reagan, le Vatican est intervenu pour en édulcorer le texte, c'est une preuve de ce que j'appelle une coopération stratégique »

Vernon Walters:
« Ça a été une des expériences les plus extraordinaires de ma vie, montrer une photo satellite et faire un compte rendu au Pape. Peu de gens le rencontrent seul à seul quand ils ne sont pas chefs d'Etats ou de gouvernements, et personne ne nous a interrompus. Il avait manifestement donné des instructions dans ce sens. Cela a apporté une çontribution au résultat final. J,aime

à penser que cela l'a empêché de critiquer le programme dedéfense et c'était tout ce que nous voulions. Avecles pressions économiques de la course aux armements d'un côté, et la résistance en Pologne soutenue par les catholiques de l'autre, les espoirs de réformes voulus par Gorbatchev sont voués à l'échec. Il est impuissant, face à des adversaires qui ne veulent qu'un seul résultat : qu'on gagne et que vous perdiez ».

Général Jaruzelski :
« Lorsque Gorbatchev est arrivé au pouvoir, tout le monde pensait qu'il apportait un second souffle au socialisme, un nouveau printemps, quelque chose avec lequel on pourrait vivre, que ce serait un socialisme à visage humain.
Au bout de quelques années de glassnost, ils'est avéré que la dynamique qu'il avait tenté de mettre en place ne pouvait plus réussir ».

Carl Bernstein :
« Gorbatchev ne pensait pas que l'avenir de la Pologne ne serait pas communiste. Il pensait, à l'instar de Jaruzelski, ouvrir la voie à une nouvelle espèce de socialisme, un socialisme quoi qu'il arrive, que ce pays resterait au sein du pacte de Varsovie. Gorbatchev ne pensait certainement pas qu'une révolution anticommuniste rejetterait en bloc le socialisme».

Le cours des événements étaient contre le communisme. En Pologne, en Russie et ailleurs.
Les Polonais ront emporté, le pays a obtenu son indépendance vis-à-vis de l'URSS, ça a été le commencement de la fin.

Oleg Kagan: « Gorbatchev a perdu sa position idéologique, la bataille idéologique était terminée, mais pas le diaiogue ».

Entre 1989 et 1991,les pays du bloc de l'Est inspirés par l'exemple polonais rejettent le communisme. De Berlin jusqu'en Sibérie, le peuple fait savoir qu'il ne veut plus de cette vision du paradis qui s'est transformée en cauchemar ici-bas.En Pologne, la résistance et le gouvernement trouvent finalement un terrain d'entente pour légaliser Solidarnosc. C'est la première étape du processus qui verra Lech Wa!esa se faire élire Président.

Père Robert F.Tast:
« Le communisme athée a certainement échoué dans sa tentative de destruction de la religion. Quiconque connaît l'histoire de l'humanité, même quelqu'un qui ne croit pas en Dieu, devrait savoir qu'on ne peut pas détruire ou changer ce que les gens pensent, par la force. Vous pouvez emprisonner les gens, les contraindre à faire telle chose plutôt qu'une autre, mais vous ne pouvez pas modifier ce qui se passe dans leur tête ».

Lech Walesa:
« Je suis totalement convaincu que, sans le Saint- Père, notre compatriote, aucun changement n'aurait eu lieu au niveau du système politique. Personne n'aurait pu détruire le communisme. Seule la bénédiction du Pape et son existence même sont les raisons pour lesquelles il y a eu des changements dans ce système ».

Vernon Walter :
« La plus grande erreur des communistes a été de promettre Je paradis sur terre et non dans les cieux. Ils ne le pouvaient pas. L'Eglise catholique Je peut mais seulement dans l'autre vie ».

Le plus long conflit du vingtième siècle semble terminé et, de retour chez lui, Jean Paul IIa découvert que le vide laissé par l'effondrement du communisme n'a pas été comblé par le catholicisme. Autrefois champion incontesté du peuple, l'église catholique se bat désormais pour s'intégrer dans la vie politique et religieuse de la nation, et c'est le matérialisme américain qui domine en Pologne comme dans le reste de l'Europe de l'Est.

Roland Flamini :
« Jean Paul II a remporté son combat contre le communisme, mais ila perdu celui pour une société équilibrée dans laquelle la religion et la solidarité permettraient de construire une nouvelle société. Il a perdu ce combat idéologique, car l'Europe de l'Est et l'ex-Union soviétique sont d'un point de vue idéologique une copie des sociétés capitalistes occidentales que le Saint-Père n'aime pas du tout ».

LechWalesa :
« Quel camp a subsisté pendant deux mille ans ? C'est la question la plus importante.Que proposent les partis politiques aujourd'hui ? Escroqueries, fraudes mensonges aux électeurs, c'est le monde qui n'a rien à proposer, pas l'Eglise ».

Pour beaucoup, la vision soviétique du paradis terrestre s'était effondrée bien longtemps avant la chute duommunisme, mais la puissance de son message d'égalité et la passion de ses partisans ont été les adversaires les plus redoutables de l'Eglise catholique au cours du vingtième siècle.
C'est contre eux qu'elle a déployé toute son énergie, employé tous les moyens, y compris l'alliance avec le diable. Ce fut son objectif prioritaire.
La fin du communisme annonce-t-elle de nouvelles rivalités, de nouvelles visions du paradis pour le vingt et unième siècle ?
Quoi qu'il en soit, le résultat du conflit du vingtième siècle,

considéré par certains comme une victoire et par d'autres comme un épilogue déstabilisant, marque le triomphe du rêve américain.

Richard Allen :
« Oui, ce serait perturbant dans l'absolu si les buts d'une alliance entre une nation très puissante, comme les Etats Unis, et une Eglise universelle étaient inavouables ».

FIN DE L'EMISSION

Liste des intervenants de l'émission « La guerre des paradis »

Richard Allen	Conseiller à]a Sécurité de Reagan1980 - 1983
Carl Bernstein	Ecrivain. (Sa Sainteté Jean Paul II- *Histoire cachée de notre époque* »
Zbigniew Brzesinski	Conseiller pour la Sécurité nationale de Jimmy Carter 1976 - 1980
Zbiegnew Bujak	Responsable de Solidarnosc
Cardinal Agostini Casaroli	Secrétaire d'Etat sous Jean Paul II 1979 - 1991
Roland Flamini	Ecrivain.« *Le Pape ! Rremier Président* » 1991
Gléanméin:ail Jaruzelski	Premier ministre de Pologne 1981- 1983

Oleg Kalugan	Service du KGB à Rome
Coloncl Leonld Kolossov	Service du KGB à Rome 1962-1983
Milovit Kuminiski	Institut de philosophie - Université de Cracovie
Thomas Mclady	Ambassadeur extraordinaire auprès du Vatican 1989 - 1993
Jan Nowak	Directeur Radio Free Europe
Irina Ocipova	Historienne

LA RESPONSABILITÉ DE L'ÉGLISE

La Shoah…
Philippe Burrin enseignant à l'Institut Universitaire des Hautes Etudes Internationnales de Genève, en a rédigé une définition dans *L'Encyclopedia Universalis*. C'est, dans sa concision et sa sobriété, la plus complète description à la fois de l'horrible catastrophe, de ses causes et de ses conséquences.
« En hébreu, Shoah signifie catastrophe.
Ce terme est de plus en plus employé, de préférence à Holocauste, pour désigner l'extermination des juifs rélisée par le régime nazi. Il suggère un sentiment d'épouvante religieuse devant l'anéantissement qui fondit soudain sur des millions d'innocents.
La persécution avait, jusque-là, accompagné l'existence du peuple juif. Elle prit avec le IIIème Reich une forme extrême, celle d'une entreprise d'annihilation qui devait faire disparaître à jamais un peuple de la face de la Terre.
Dans ses grandes lignes, l'événement est aujourd'hui l'objet d'une connaissance historique assurée, qui s'appuie sur des sources multiples : documents d'époque, nombreux et malgré tout lacunaires ;témoignages de survivants ; cicronstanciés d'exécutants devant les tribunaux - qu'il s'agisse des procès de Nuremberg au lendemain de la Seconde Guerre mondiale, de celui qu'Adolf Eichmann à Jérusalem en 1961 ou des gardiens de camps en Allemagne fédérale dans les années 1960 et 1970. Nous savons l'essentiel sur l'organisation du crime, les

méthodes employées, le nombre approximatif de victimes.

En raison de sa complexité et de sa monstruosité, la Shoah demeure toutefois pour l'historien un foyer d'interrogations. Les divergences d'évaluation sont visibles dès lors qu'il s'agit de reconstituer la genèse de l'événement, de définir les conditions qui en ont permis la réalisation ou d'apprécier sa place dans l'histoire. Enfin, par-delà ce qu'autorisent les moyens de l'investigation historique, la Shoah continue de lancer un défi à la conscience morale de l'humanité et en particulier à celle de l'Europe.

1°. L'entreprise d'extermination

Rappelons au départ les traits majeurs du génocide et son bilan. L'entreprise d'extermination commença en 1941. Dans les années précédentes, les juifs avaient eu à subir discriminations et violences de la part du régime nazi.

Plusieurs centaines de juifs avaient eu à subir discriminations et violences de la part du régime nazi. Plusieurs centaines de juifs allemands furent assassinés dans les mois qui suivirent la prise de pouvoir en 1933 et surtout lors du progrom d'Etat connu sous le nom de « Nuit de Cristal » - 10 novembre 1938. Plusieurs milliers de juifs polonais furent exécutés sommairement au cours de la campagne de Pologne en septembre 1939. Dans les deux années suivantes, des dizaines de milliers d'autres moururent par suite de leurs horribles conditions de vie dans les ghettos et les camps de travail forcé.

Ces violences et ces morts, qui témoignent suffisamment de la haine profonde des nazis pour les juifs, ne s'inscrivaient pas, toutefois, dans un plan d'extermination. C'est en 1941 que fut lancé le génocide à l'échelle européenne.

On dispose à cet égard d'un document crucial, le procès verbal de la fameuse conférence de Wannsee qui se tint à Berlin le 20 janvier 1942.

Selon le témoignage donné par Eichmann à Jérusalem, ce procès verbal dut épuré. Tout ne devait pas apparaître de ce qui avait été dit, mais l'essentiel devait s'y trouver.

Convoquée par Reinhard Heydrich, l'un des adjoints de Heinrich Himmler et le responsable direct de la police nazi, cette conférence réunissait les secrétaires d'Etat des principaux ministères. Himmler et Heydrich, sur qui reposait l'exécution du crime, avaient besoin de la coopération de l'administration allemande. La conférence aurait dû avoir lieu le 9 décembre 194 ; les invitations avaient été lancées dès la fin de novembre. Au moment où Heydrich mettait au courant le cercle extérieur des participants, la décision était tombée depuis au moin deux ou trois mois.

La « solution finale de la question juive », présentée lors de cette conférence, concernait l'Europe entièr.

Les statistiques préparées par Eichmann incluaient même les juifs résidant dans des pays qui n'étaient pas occupés par le Reich, comme la Suisse ou le Portugal. Dans l'immédiat, ceux qui se trouvaient sous contrôle allemand devaient être déportés à l'Est. Le protocole demeure elliptique sur le sort qui les attendait.

Des installations y furent construites sur une grand échelle : au somment de leur activité, pendant l'été de 1944, les crématoires brûlaient plus de 20 000 cadavres chaque jour.
C'est là que furent tués la plus grande partie des juifs amenés de l'Europe occidentale et balkanique au terme d'un hallucinant voyage dans les trains de marchandise. Le gaz utilisé était un désinfectant puissant, le zyklonB - au moins 1 million de juifs furent tués dans cet « anus du monde ».

Les estimations concernant le total des victimes juive s'échelonnent entre 5 et 6 millions.
En suivant , comme on l'a fait jusqu'ici, l'évaluation (5 100 000) de Raul Hilberg (*La destruction des juifs d'Europe*), que certains historiens jugent trop basse, les fusillades firent environ 1 300 000 victimes ; les camps, avant tout les camps d'extermination , furent responsables de la mort de près de 3 millions de personnes ; et plus de 800 000 autres personnes succombèrent aux privations et maladies que leur valut l'enfermement dans les ghettos.

Le résultat fut la disparition de la plus grande partie des juifs d'Europe orientale , et notamment de près de 3 millions de juifs polonais. En même temps qu'eux fut anéanti tout un univers de traditions et de culture, une mosaïque de mémoires et d'aspirations aux richesses, désormais évanouies.

2°. La genèse de l'extermination

Comment une entreprise criminelle aussi gigantesque vint-elle au jours ?
Sur ce point , nos connaissances sont relativement moins assurées, faut de documents qui puissent nous éclairer sur la date de la décision et sur les arrière-plans de celle-ci.Les historiens ne s'accordent pas dur la datation , les uns situant la décision fatale au printemps de 1941 , les autres à l'automne, voire à la fin de cette même année de 1941. S'ils n'ont pas de doute sur la responsabilité ultime d'Hitler.
Ils hésitent sur la nature de la décision qu'il prit.
Fut-elle préméditée ou improvisée ? Fu-ce la traduction en actes de l'intention d'un homme ou l'aboutissement d'une radicalisation produite par les circonstances ?
Pendant plusieurs décennies, l'opinion dominante privilégia la première interprétation. Depuis un certain nombre d'années , la seconde trouve de plus en plus de faveur.
Il est vrai qu'il est difficile de documenter l'existence d'un programme d'extermination chez Hitler.
Ses écrits et ses propos exhalent, certes , de la haine la plus féroce des juifs ; mais il est malaisé de prouver que l'extermination fut , chez lui , un objectif politique arrêté dès les années 1920, au même titre que la conquête de l'espace vital, par exemple.

L'influence du contexte de rôle de la conjoncture, l'importance de toute une série de facteurs qui n'étaient pas dans le pouvoir d'un homme de tout créer ou contrôle, indiquent plutôt que sa préoccupation centrale était d'éloigner les juifs de las sphère d'influence allemande : c'est effectivement la politique que suivit son régime jusqu'en 1941.

Jusqu'à cette date, en effet, la politique du III Reich visa à faire émigrer les juifs. Les nazis usèrent d'abord de moyens indirects pour accélérer leur départ, puis en 1938-1939 passèrent à une politique d'émigration forcée, qui s'accompagna de la confiscation de la plus grande partie de leurs bien .

On ne peut soutenir pour autant que cette décision fût improvisée, qu'elle n'aurait été qu'une réaction impulsive à un échec qui se profilait.

Hitler avait annoncé, en effet, qu'il s'en prendrait aux juifs sous certaines conditions. Le 30 janvier 1939, il avait déclaré devant le Reichstag que, si une nouvelle guerre mondiale venait à éclater, la conséquence en serait l'anéantissement de la race juive en Europe.

En 1941, ilavait répété ce qu'il qualifiait lui-même de « prophétie ». Par « guerre mondiale >>, il entendait manifestement une situation de guerre sur tous les fronts, un conflit dans lequel le Reich serait aux prises

non seulement avec l'Angleterre, mais encore avec l'U.R.S S. et les États-Unis. La résistance inattendue de l'Union soviétique et le prolongement de la campagne à l'Est ouvraient, à la fin de l'été de 1941, la perspective d'une guerre sur tous les fronts. Les juifs étaient promis à être les premières victimes de ce renversement de fortune.

Même si le débat historique reste ouvert sur la datation précise de la décision et sur sa nature profonde, le génocide est, dans tous les cas, fondamentalement lié à l'antisémitisme et, de façon plus large, au racisme nazi.

La vision hitlérienne du monde, en particulier, fut d'une importance capitale, fondée comme elle l'était sur l'obsession de la pureté de la race allemande, sur l'idée d'une hiérarchie des races, enfin sur le projet d'un remodelage facial de la carte européenne. Quels qu'aient été les projets intimes de Hitler, son racisme était dès le départ porteur de génocide, que cette virtualité prenne en définitive la forme d'une décimation ou d'une extermination intégrale.

A côté des juifs, d'autres peuples comme les Tsiganes et les Slaves furent exposés aux effets meurtriers de ce racisme. Mais seule la mort des juifs fut poursuivie avec acharnement, jusqu'aux derniers soubresauts du régime.
Et les juifs furent tués pour la seule raison qu'ils étaient juifs. Même si elle trouva son premier champ d'activité sur le territoire soviétique durant l'été de 1941, l'extermination ne fut pas motivée en premier lieu par l'anticommunisme, mais bien par l'antisémitisme. Peu importait que les persécutés fussent des juifs d'Europe occidentale, identifiés comme les meilleurs soutiens du capitalisme, ou des juifs de l'Europe orientale, censés être les piliers du régime communiste : ils méritaient tous la mort.

Hitler joua un rôle irremplaçable en lançant et en maintenant jusqu'au bout l'élan de la machine de destruction. Dans son Testament d'avril 1945, il se félicitait de ce qu'il avait accompli, et appelait les futures générations allemandes à achever le travail. Lui absent, il n'est pas sûr que le génocide aurait été entrepris, et surtout qu'il aurait été poursuivi aussi fanatiquement. Himmler lui-même faiblit dans sa résolution et commença en 1944 à négocier, à l'insu de son chef, avec les

Alliés, se montrant prêt à stopper l'extermination en échange d'un accord politique.

Mais on ne saurait oublier que d'une certaine manière Hitler ne fit qu'incarner, de manière extrême il est vrai, une tradition antisémite européenne, une tradition particulièrement forte en Europe centrale.

La solution finale est inexplicable si l'on ne prend pas en compte la contribution solidaire de l'ensemble des secteurs du régime, et notamment celle des élites conservatrices, dont l'appui fut capital pour l'installation de la dictature nazie et l'accomplissement de ses forfaits. Lorsqu'il parlait des juifs, il se répandait d'ordinaire en imprécations et recourait volontiers au langage de la destruction : l'ennemi devait être frappé , impitoyablement anéanti. Par ailleurs il utilisait un vocabulaire qui les déshumanisait et devait faire conclure à leur élimination physique : microbes, parasites, sangsues, araignées - autant d'êtres nuisibles ou répugnants dont l'homme se débarrasse avec soulagement.

Ce discours n'avait rien de personnel : il appartenait à une tradition antisémite qui n'était d'ailleurs pas proprement allemande - dans la France de l'affaire Dreyfus la même comparaison avec la vermine s'accompagnait d'appels au massacre tout à fait explicites. En leur déniant la dignité d'êtres humains, en multipliant les appels haineux à la mort, le terrain était ensemencé pour l'extermination. Que celle-ci ait été en définitive accomplie, pour une large partie, en utilisant comme moyen de gazage un désinfectant destiné à détruire la vermine, illustre, même si ce ne fut pas une intention consciente, la logique meurtrière de ces désignations.

3°. Les conditions de réalisation du génocide

À l'évidence, l'extermination des juifs ne fut pas accomplie par le seul Hitler ni par la seule S. S.
Il faut donc s'interroger sur ce qui a rendu possible une entreprise criminelle aussi massive, sur les. Conditions qui l'ont permise, sur les cercles concentriques des responsabilités.

Parmi les conditions favorables, il faut mentionner, en premier lieu, le L'extermination fut menée avec un souci extrême de dissimulation.

Dans les échanges officiels, des stéréotypées servirent à expressions la camoufler : les juifs étaient « évacués », pour être « mis au travail à l'Est », cela dans le cadre de la « solution finale de la question juive ».
Le souci de dissimulation alla jusqu'à tenter de supprimer toute trace du crime. En juin 1942, Himrrüer confia à l'un de ses subordonnés la mission de retrouver les fosses communes laissées par les « Einsatzgruppen » pour en déterrer les cadavres et les brûler - la tâche ne fut qu'imparfaitement accomplie avant l'arrivée des troupes soviétiques.

Les efforts de camouflage trouvaient naturellement un renfort précieux dans la dimension incomparable du crime. Parce qu'il était difficilement imaginable, les échos et les rumeurs qui circulaient à son propos à travers l'Europe rencontraient souvent scepticisme et incrédulité. Mais, en définitive, c'est le contexte de la guerre totale qui fut le facteur essentiel. Seule la situation qui prévalut à partir de la fin de 1941, avec l'entrée dans le conflit du Japon et des États-Unis, permit au génocide d'être perpétré sans difficulté majeure.

La censure et la répression s'exerçaient avec plus de force que jamais, étouffant le flux des informations et rendant périlleux tout acte de désaccord ou d'opposition. Chacun était, de toute façon, porté à se soucier en premier lieu de son sort et de celui de sa famille. Les souffrances subies, l'angoisse du lendemain, émoussaient ou refoulaient les sentiments ordinaires de compassion pour le destin d'autrui.

Quant aux responsabilités, elles furent de divers ordres, avec des degrés différents. L'exécution directe du génocide fut le fait d'un cercle relativement limité d'individus. Peu de gens avaient une vue d'ensemble sur !'entreprise, en dehors des responsables de l'appareil policier. Mais ceux-ci auraient été impuissants s'ils n'avaient bénéficié de la coopération, de l'acquiescement, de la passivité et même de l'indifférence d'un grand nombre de gens en Allemagne et à travers l'Europe.

On a vu que les plus hauts responsables de l'administration allemande accordèrent leur coopération en connaissance de cause lors de la conférence de Wannsee.

Les échelons inférieurs, qui étaient, eux, officiellement tenus dans l'ignorance, firent leur travail avec zèle, marquant les juifs, confisquant leurs biens et les déportant, comme s'il allait de soi que l'on dût envoyer à l'autre bout de l'Europe, en pleine guerre, des personnes âgées, des malades et des infirmes, pour les y mettre au travail.

Quant à l'armée allemande, sa passivité, sa tolérance et parfois sa complicité active pesèrent lourdement. Une attitude plus courageuse aurait rendu difficile, voire impossible, aux troupes de Himmler d'effectuer des massacres aussi massifs de populations civiles en U. R. S. S. Enfin, certains milieux économiques n'hésitèrent pas à tirer parti de la main-d'œuvre juive que leur offrait la S. S. comme à Auschwitz, sans que pût exister le moindre doute sur le sort ultime de ces travailleurs. La machine d'extermination bénéficia égaiement d'aides précieuses en dehors de l'Allemagne. À l'Est, où l'occupant avait supprimé les administrations indigènes, cette aide fut le fait d'individus. Les exécutants des fusillades en Union Soviétique, comme les surveillants des camps d'extermination en Pologne occupée, furent généralement des collaborateurs lituaniens ou ukrainiens, opérant sous les ordres de membres de la S. S.

Dans le reste de l'Europe, !'entreprise d'extermination reçut l'appui direct ou indirect des administrations existantes. Dans des pays satellites du Reich comme la Slovaquie et la Croatie, la déportation des juifs fut concédée sans difficultés. Dans les pays de l'Europe occidentale, elle fut imposée par l'occupant : les administrations locales durent apporter sous la contrainte un concours qui se révéla irremplaçable au vu de l'insuffisance des effectifs policiers allemands et de leur manque de connaissance du terrain.

Du zèle à la complicité, de l'acquiescement à la passivité, tout servit à sa réalisation. La machine, une fois lancée, fonctionna comme par inertie : le crime était, pour une grande partie, un crime de bureaucrates. Chacun accomplit sa tâche en se concentrant sur le seul segment de la chaîne qui le concernait, une chaîne au bout de laquelle la mort elle-même était administrée. Le lien alla un peu différemment en France, où subsistait un gouvernement formellement souverain, en dépit de l'occupation de la moitié du pays.

Le régime de Vichy se comporta, pour ce qui concernait les juifs, comme le firent la Bulgarie, la Roumanie et la Hongrie, pays dans la mo\ivance de!'Allemagne nazie.

Après avoir adopté son propre chef une législation antisémite, il accepta de collaborer au programme de déportation. La police française arrêta les juifs étrangers, les concentra dans des camps, les chargea dans les convois et les escorta jusqu'à la frontière. Comme les gouvernements bulgare, hongrois et roumain, le gouvernement de Vichy prétendait protéger les juifs qu'il reconnaissait comme français en abandonnant à leur sort les juifs étrangers et apatrides, ainsi que ceux qu'il avait décidé de dénaturaliser. Pour tous ces régimes, !'occasion paraissait bonne de se débarrasser d'une population sur laquelle l'antisémitisme indigène avait fixé la responsabilité de tous les maux. Tous manifestèrent avec le temps, il est vrai, des activités croissantes, à mesure que la guerre prenait une tournure favorable aux Alliés. En Hongrie, seule l'occupation du pays réalisée par les Allemands en mars 1944 ouvrit la voie à la déportation et à l'extermination massive des juifs hongrois.

En face de ces concours, dont il est difficile de dire jusqu'à quel point ils furent apportés en pleine connaissance de leurs conséquences mais qui, dans tous les cas, furent d'une importance cruciale, quelles pouvaient être les forces de freinage, sinon de blocage ? Malgré la censure, malgré les mesures de camouflage, les nouvelles sur les massacres filtraient, circulaient à travers le continent.

Même si elles avaient été largement connues et surtout crues, il était bien peu de choses qui pouvaient être faite pour les victimes. II n'en allait pas de même pour les mesures de déportation, ce premier acte dont tout le reste découlait. A cet égard, l'attitude des populations varia selon les pays, selon la force des traditions antisémites et les réactions que provoquait le joug de l'occupant.
En Allemagne, la population assista passivement à la déportation des juifs, même si des gestes de secours furent faits ici et là. Dans les pays occupés, les réactions allèrent de

l'ambiance plutôt hostile qui régnait en Pologne à la solidarité manifestée en Hollande - où une grève fut déclenchée au printemps de 1941, soit avant la mise en marche de l'extermination, pour protester contre le déportation punitive d'un certain nombre de juifs hollandais - et surtout au Danemark, où la fuite des juifs danois vers la Suède fut assurée grâce à d'innombrables dévouements.

Après la disparition du pluralisme politique et social dans l'Europe nazie, les Églises restaient les seules forces organisées. En Allemagne même, elles brillèrent par leur silence. Alors que par leurs protestations elles avaient amené Hitler à suspendre l'opération « d'euthanasie » au cours de l'été de 1941, elles se turent devant la déportation des juifs, n'intervenant ·que de façon vague et molle en 1943, lorsque se firent insistantes les rumeurs concernant les massacres à l'Est.

Il est difficile de savoir quelle aurait été la réaction de Hitler face à des protestations résolues ; le fait est qu'elles n'eurent pas lieu. Dans les pays occupés, les Églises, ou plus exactement des fractions du clergé, firent preuve de davantage de courage et protestèrent contre les déportations, parfois contre les massacres eux- mêmes, quand les nouvelles leur en étaient parvenues.

Que ce soit dans l'Église orthodoxe, dans les Églises protestantes ou dans l'Église catholique, des membres du clergé firent entendre leur voix et contribuèrent aux actions de secours en faveur des juifs. En revanche, le Vatican, sous la houlette de Pie XII, garda le silence, tout comme le Comité international de la Croix-Rouge, pour des raisons différentes : ces deux grandes institutions morales pensaient avoir davantage à perdre qu'à gagner en intervenant en faveur des juifs et en dénonçant les monstruosités effectuées par le régime nazi. Les Alliés eux-mêmes ne firent pas, il est vrai, tout leur possible en faveur des juifs. S'ils publièrent une déclaration solennelle le 17 décembre 1942 pour dénoncer le génocide en cours et promettre un châtiment aux exécutants, ils eurent tendance en général à s'en remettre à l'issue militaire du conflit, sans chercher à entreprendre dans !'immédiat tout ce qui pouvait sauver des vies juives.

Outre l'antisémitisme bien réel qui existait dans certains secteurs de l'administration britannique et américaine, des intérêts stratégiques et politiques (la question palestinienne pour l'Angleterre, les réticences dans les deux pays à accroître l'immigration juive) expliquent la modestie des actions de secours immédiat. Même la proposition, facilement réalisable, qui fut faite de bombarder Auschwitz - ce qui aurait pu bloquer la machine de destruction durant !'été de 1944 - ne fut pas acceptée par les autorités militaires alliées.

Faut-il enfin mettre en cause, comme l'ont fait certains auteurs (Raul Hilberg, Hannah Arendt), la responsabilité des victimes elles-mêmes, accusées d'avoir, par leur attitude, facilité la tâche des bourreaux ?

Les nazis surent effectivement amener leurs victimes à collaborer au massacre, notamment en utilisant les conseils juifs qui avaient été créés sur leurs ordres. Chargés d'organiser la vie des juifs dans les ghettos, ces conseils eurent au bout du compte à décider de la composition des convois de déportation et à assurer l'obéissance des personnes désignées, contribuant ainsi dans une certaine mesure au bon fonctionnement de la machine de destruction.

Plus généralement, il est vrai que les juifs réagirent à leur sort par la passivité, encore qu'il ne faille pas sous- estimer les actions de résistance, dont le combat du ghetto de Varsovie demeure l'exemple le plus important. Cette passivité elle-même s'explique aisément si l'on prend en considération des facteurs tels que les traditions non militaires des juifs dans la diaspora, le souci de ne pas aggraver le sort de sa famille, l'existence d'un environnement souvent hostile, enfin l'état d'épuisement physique et mental dans lequel se trouvaient les juifs après quelques mois de vie dans les ghettos. C'est, en définitive, un sophisme intolérable que de faire des juifs les coresponsables de leur sort.

Au total, si un nombre appréciable de secours leur furent accordés à titre individuel à travers l'Europe, ils se trouvèrent seuls au moment de la plus grande tragédie de leur histoire. Au niveau de ses responsables suprêmes, le génocide découla d'un antisémitisme extrême ; mais sa réalisation fut facilitée par l'existence en Europe d'un antisémitisme diffus, qu'avait enraciné une culture chrétienne millénaire et ravivé le racisme de la fin du XX^{ème}siècle.

Ce ne fut pas tant une hostilité active ou une volonté de nuire qui détermina l'attitude de la grande partie des Européens, mais plutôt une sorte d'indifférence défiante fondée sur le sentiment profondément ancré que les juifs étaient des étrangers.

4°. La Shoah dans l'histoire

Par sa monstruosité, la Shoah constitue un défi que n'affaiblit pas le passage du temps.

Quelques-uns veulent, certes, « assassiner la mémoire » (selon l'expression de Pierre Vidal-Naquet) en niant ce que le génocide des juifs eut de plus spécifique, à savoir les chambres à gaz.

D'autres veulent, pour faire « passer le passé » (Ernst Nolte), dissoudre la singularité de l'événement, comme il apparut de manière exemplaire à la faveur du débat qui agita les historiens d'Allemagne fédérale pendant l'année 1986.

Nolte avait donné le coup d'envoi en soutenant que le génocide des juifs aurait été une réplique à la terreur bolchevique, une copie plus monstrueuse, mais une copie néanmoins, de l'extermination de classe réalisée par les révolutionnaires russes. D'autres historiens ont continué ce nivellement en ajoutant à la série d'autres massacres, comme ceux qui furent effectués par les Khmers rouges au Cambodge.

La comparaison est un exercice historique légitime, pour autant qu'elle soit fondée et dans la mesure où elle ne perd pas de vue ce qu'a de singulier chaque phénomène historique. Il est parfaitement raisonnable de rapprocher l'extermination des juifs de celle des Tsiganes ou des Arméniens, du moins si l'on s'efforce de montrer les différences autant que les similitudes. Mais il est évident que la terreur stalinienne ou les massacres des Khmers rouges ne peuvent être rangés dans la même catégorie. Les victimes ne furent pas tuées, ici, sur la base d'une différence ethnique, réelle ou attribuée, mais sur le fondement de critères politico-sociaux qui répondaient à une ambition de transformation révolutionnaire de la société

Par-delà le problème historique que représente l'évaluation de la singularité du génocide juif, la Shoah est aussi et surtout un objet de mémoire, et d'abord pour les juifs.

La catastrophe a eu pour effet d'accélérer la création de l'État d'Israël : la vie de ce dernier comme l'identité des juifs de la diaspora sont demeurées fondamentalement liées à ce souvenir. Pour les Israéliens, la Shoah fournit une justification majeure à la solution sioniste :l'histoire s'est en quelque sorte prononcée contre l'assimilation, elle a prouvé le danger mortel que recèle pour les juifs la vie en diaspora. La majorité des juifs continuent néanmoins de vivre en dehors d'Israël. Chez eux, le souvenir du génocide nourrit l'attachement à Israël et renforce leur identité de juifs vivant en diaspora.

Le génocide des juifs sollicite, enfin, la conscience des Européens, dans la mesure où il représenta la négation absolue de ce qui avait formé jusque-là le mouvement de la civilisation européenne, la foi dans le progrès, les valeurs de liberté et de tolérance incarnées dans les droits de l'homme. Le fait qu'un événement aussi barbare ait pu naître dans un pays comme l'Allemagne et être accompli au beau milieu de l'Europe demeure un foyer vivant d'interrogations, tout comme demeure inquiétant l'aspect technique et administratif que prit le génocide.

L'incroyable mélange de « pulsions archaiques et de mécanismes modernes » (Saul Friedlander) qui fut au ressort de son accomplissement, fait à la postérité un devoir de réflexion et de vigilance.

5 • Le retentissement de la Shoah dans la réflexion contemporaine

Dans la langue hébraïque, Shoah signifie « catastrophe telle qu'il ne peut en exister de plus grande ».

Ce terme a supplanté, surtout depuis le film de Claude Lanzmann, ceux d'« holocauste » ou de « génocide » par lesquels on désignait les persécutions raciales et l'extermination de masse exercées par les nazis principalement contre les juifs. Les raisons de ce nouvel usage linguistique sont importantes à examiner. Elles tiennent à l'inadéquation des autres vocables à désigner un phénomène dont la tragique singularité échappe à toute représentation verbale.

Le mot « holocauste », longtemps prévalent, fut le premier à être récusé en raison de sa signification religieuse, celle d'un « sacrifice où le feu consume entièrement la victime ».

Le terme « génocide » qui désigne la destruction massive d'un groupe ethnique, reste le plus souvent admis. Il a cependant pour inconvénient de ne retenir du phénomène que le meurtre de masse et d'en réduire ainsi à la fois la période historique, ramenée à celle de la Seconde Guerre mondiale, et la complexe singularité.

La Shoah débuta, en fait, dès la prise de pouvoir par les nazis en 1933 et avec les lois raciales qu'ils promulguèrent. La Nuit de cristal révéla en 1938 la véritable nature du projet hitlérien, accélérant un processus qui avait pour finalité de retirer aux victimes leur appartenance à l'espèce humaine.

Ce projet, jamais imaginé par aucun tyran de l'histoire contre ses victimes, se déploiera jusqu'aux extrêmes de l'horreur, dans l'institution qui caractérise la Shoah, le camp de concentration ou Lager.

6°. L'irreprésentable de la Shoah

Un des témoins les plus lucides du phénomène concentrationnaire, Primo Levi, souligna ce caractère d'horreur : « Il ne s'agit pas seulement de mort, mais d'une foule de détails maniaques et symboliques, visant tous à prouver que les Juifs, les Tziganes et les Slaves ne sont que bétail, boue, ordure. Ainsi les déportés furent transportés vers les camps dans des wagons à bestiaux que l'on n'ouvrrut pas pendant des journées, laissant hommes, femmes et enfants dans une dégradante promiscuité, au milieu de leurs excréments. Ceux qu'on ne gazait pas à l'arrivée du convoi étaient marqués comme des bœufs, utilisés comme des esclaves sous- alimentés. On traita les cadavres comme une matière première : on leur arrachait l'or des dents, leurs cheveux servruent à fabriquer certains tissus ».

Primo Levi conclut : « Le moyen même choisi pour opérer le massacre était hautement symbolique.

On employa le gaz toxique déjà utilisé pour la désinfection des cales de bateaux et des locaux envahis par les punaises ou les poux. On inventa au cours des siècles des morts plus cruelles, mais aucune n'a jamais paru aussi lourde de hrune et de mépris ».

À ces mesures symboliques-enfait, des anti-symboles - les nazis ajoutèrent une politique de strict secret. Aucune de ces mesures n'était désignée par son nom, même dans les documents confidentiels. La déportation devenait « transport », l'extermination « solution finale », les bourreaux « commandos spéciaux », etc.

Plus tard, au moment de la débâcle militaire, priorité fut accordée à la destruction des archives, des installations de mort. Même les fosses communes où furent abattus des milliers de victimes furent rouvertes pour en incinérer les cadavres. Enfin, on se soucia particulièrement du repli vers le Reich des témoins privilégiés, à savoir les survivants devenus Geheimnistriiger, « porteurs du secret '" Cette dernière marche forcée fut une des pages les plus douloureuses du martyre de la déportation.

Le meurtre gratuit, inutile, de millions d'hommes n'ayant commis d'autre faute que de naître, d'appartenir souvent par un lien lâche à une « race », une religion1 déclarées malfaisantes - meurtre précédé puis perpétré dans l'avilissement dont aucune description ne parvient à rendre compte -, confère à la Shoah son caractère singulier, « l'irreprésentabilité ». On ne peut ni imaginer ni énoncer ce qui s'est passé en ces lieux surnommés, dans le cas d'Auschwitz, anus mundi.

Ce caractère justifie l'emploi du mot Shoah, qui, par sa signification univoque -il en va de même en hébreu- permet de chiffrer cette page noire de l'histoire contemporaine. L'irreprésentabilité de ce qui s'effectua dans les camps va jusqu'à produire chez des déportés témoignant de leur vécu le doute sur la réalité de leur expérience, parfois même un oubli pathologique.
Primo Levi rapporte ainsi la visite qu'il fit en Alsace à un camarade d'Auschwitz, lequel, bien que le reconnaissant, soutiendra n'avoir jamais connu les camps. Les nazis percevaient clairement et jouaient de cette démesure.
Ils déclaraient cyniquement à leurs victimes que, si par improbable ils survivaient, nul ne voudrait croire en leur témoignage.

Dès lors, peut-on comparer la Shoah à d'autres drames de l'histoire humaine survenus en d'autres temps et lieux ? Ne retenir que la singularité de cette tragédie conduit à classer la Shoah comme page révolue de l'histoire, qu'il convient de tourner dans les meilleurs délais afin qu'l'oubli répare les blessures, ou à s'enfermer dans un deuil indéfini. Il y a paradoxe à insister dans un même mouvement sur l'unicité de la Shoah et sur la nécessité du souvenir d'un événement supposé ne pouvant plus se produire. L'importance de !'étude du phénomène, hors du cercle des historiens, repose sur la prémisse qu'il peut se répéter.

On peut affirmer sans hésitation que la Shoah ne se compare à aucun massacre des siècles précédents.
Seules sont envisageables ses similitudes avec d'autres

événements contemporains, tous liés à cette maladie politique, philosophique et sociale propre à notre siècle, le totalitarisme et ses abominables camps de concentration :le goulag stalinien et ses dizaines de millions de victimes, les « camps de rééducation » des Khmers rouges où disparut en un temps record la moitié de la population cambodgienne, près de trois millions d'hommes, exterminés par ses propres dirigeants !

Pour quel crime ? Ici encore, folie, gratuité, bureaucratie mettent leur empreinte sur l'horreur qui défigure l'image que le XX' siècle transmettra à l'histoire.
En ces deux exemples, l'élément de haine raciale absolue propre aux nazis est absent, mais la haine de leur propre peuple par des dirigeants fous suscite une inquiétude spécifique qui n'est pas moindre. Parmi les auteurs ayant développé l'idée d'une certaine similitude entre nazisme et stalinisme, citons Hannah Arendt (Le Système totalitaire) et Vassili Grossman, romancier soviétique, auteur d'un livre exceptionnel .(Vie et destin). Il reste que cette similitude ne supprime pas pour autant la singularité de la Shoah, qui a englouti, avec les êtres qui la portaient, les belles cultures juives de la Mitte l' Europa et de l'Est européen.

Les questions posées par la Shoah restèrent longtemps dans l'ombre. On a voulu, par une étrange projection, imputer ce silence aux survivants, alors que ceux-ci écrivirent leurs témoignages dès leur retour de captivité, parfois dans les camps mêmes.
Primo Levi rédigea son magistral « Si c'est un homme » avant 1947.
Ces textes ne trouvèrent pas facilement des éditeurs, puis ils n'ont rencontré à leur parution qu'une semi- indifférence.
Incrédulité, détournement du regard, banalisation furent les

réactions les plus courantes. Elles nourriront plus tard les thèses
« révisionnistes ».
Mais la réaction principale fut la stupeur devant l'inouï. On
tentait de se réjouir devant la fin du cauchemar et la liberté
retrouvée. Pourtant, ne peut- on déceler dans les thèmes de
l'absurde, du pessimisme qui marqua la littérature et la
philosophie de l'immédiat après-guerre un effet de ce
refoulement ?
La scène juridique joua un rôle pionnier dans le dégel de cette
torpeur. La tâche lui revenait bien, puisque la Shoah débuta par
la juridiction raciale, affront à la Loi humaine qu'il fallait
d'urgence restaurer.

   Les grands procès des criminels de guerre nazis à Nuremberg,
malgré des insuffisances, ont posé les bases de cette restauration
- d'une part en amassant de nombreux documents archivés dans
leurs minutes, d'autre part en élaborant un nouveau concept,
celui de « crime contre l'humanité », ultérieurement déclaré
imprescriptible. Ce concept faisait pièce au « crime de naissance
« mis en avant par les nazis.
Mais le véritable réveil commença à la fin des années 1950 avec
la parution en France du roman d'André Schwartz-Bart Le
Dernier des justes (1959), et surtout avec le retentissant procès
d'Eichmann à Jérusalem, l'homme à qui l'exécution de la «
solution finale » avait été confiée.

   L'enlèvement d'Eichmann et les polémiques qui se déployèrent
au cours de son procès eurent pour principal effet de réveiller
l'intérêt universel sur le martyre, oublié déjà,des juifs.
Désormais, cette attention ne se dément plus ; elle est relancée
par de nouveaux procès, par tel ouvrage à succès (Le Choix de
Sophie de William Styron) ou par tel film.
Si l'époque des procès est à peu près révolue, les grands

criminels nazis étant déjà jugés ou morts de vieillesse, la scène littéraire et philosophique a pris le relais des débats.
On a fini par s'éveiller à cette évidence que la Shoah et le totalitarisme plus généralement, par la mise en cause du fait humain qu'ils signifient, posent à la pensée la question la plus essentielle de notre temps. Cette réflexion a produit une abondante littérature. La bibliothèque de la Shoah renferme déjà plusieurs milliers d'ouvrages, parfois parmi les plus admirables de la seconde moitié du XXème siècle.

La littérature de témoignage, pierre d'angle et point de départ de toute analyse, a revendiqué dans l'urgence, par les titres mêmes des ouvrages, immense cri assourdi d'une souffrance sans bornes, l'appartenance au genre humain des victimes : L'Espèce humaine (Robert Antelme), Si c'est un homme (Primo Levi). Cette littérature a trouvé en Primo Levi(1919-1987)lavoix qui désormais la symbolise. D'une écriture élégante et sobre, à la parfaite mesure d'un texte hissé au rang de sacré, Levi a noté simultanément la souffrance et les leçons apprises dans ces laboratoires de la mort que furent les Lager.

7°. L'empreinte dans la subjectivité

De son côté, la philosophie, surtout en Allemagne, est au premier rang des débats sur la Shoah.
L'École de Francfort, animée par Theodor Adorno lié d'amitié à Walter Benjamin, qui se donna la mort en 1939, et à Hannah Arendt, développa dès l'après- guerre une originale et profonde réflexion sur les conditions mêmes de toute éthique après la Shoah et le totalitarisme.
Max Horkheimer et Jürgen Habermas appartiennent à cet important courant de pensée moderne qui marqua en France la «

nouvelle philosophie ». La louche relation du plus grand penseur allemand contemporain, Martin Heidegger, avec les nazis pèse lourdement sur les débats de la philosophie allemande contemporaine. Une place éminente dans la réflexion sur la Shoah revient à Hannah Arendt (1906 - 1975). Dans l'immédiat après- guerre, celle- ci réussit par un tour de force, et à partir d'une imposante documentation, à produire en 1951 une magistrale analyse des systèmes nazis et totalitaires qui fait autorité.

Les articles qu'elle rédigea plus tard en tant que correspondante de presse au procès d'Eichmann, puis l'ouvrage où ils furent rassemblés, Eichmann à Jérusalem. Rapport sur la banalité du mal, provoquèrent de violentes polémiques qui, avec le recul, ressemblent à des malentendus. Ainsi lui attribue-t-on la thèse, que précisément elle critique, de la passivité des juifs devant leurs bourreaux. Quant au thème de la « banalité du mal », le lecteur attentif de l'ouvrage saisit rapidement qu'il n'y a, dans le témoignage de cette conscience bouleversée, aucune banalisation du mal, mais la marque de son angoisse devant la donnée moderne du masque bureaucratique que celui-ci désormais adopte.

La littérature et la culture en général se trouvent souvent traversées par les échos tragiques de la Shoah. Il en est ainsi, en France par exemple, avec la voix secrète de Maurice Blanchot dont l'œuvre de réflexion sur la littérature se nourrit désormais à la blessuredes camps (L'Écrituredudésastre).
On ne compte plus aujourd'hui les œuvres de fiction et de théâtre où la Shoah joue un rôle, parfois masqué.
Certains écrivains l'ont placée ouvertement au centre de leur œuvre (Elie Wiesel). D'autres plus secrètement ont tissé le fil noir du drame à leurs textes. Citons notamment Georges Perec

{W. ou le Souvenir d'enfance) qui, enfant, perdit sa mère dans les camps et dont l'œuvre en mosaïque tente vainement de colmater la disparition (titre d'un de ses livres où ils'interdit l'usage de la lettre E).

Le cinéma et la télévision ont évidemment joué un grand rôle dans la prise de conscience de la Shoah par le large public. Trois films jalonnent cet intérêt croissant : Nuit et brouillard (1956) d'Alain Resnais, sur un scénario de Jean Cayrol lui-même ancien déporté (il s'agit d'une œuvre de montage à partir de documents filmés à la libération du camp de Bergen Belsen), Holocauste, série télévisée américaine, dont le type de fiction est critiquable mais qui eut le mérite, par son immense diffusion, de faire connaître la Shoah au monde entier.
Mais dans la production cinématographique, aussi bien que dans l'ensemble des œuvres traitant de la question, une place privilégiée revient au film Shoah de Claude Lanzmann (1985).

En refusant l'usage des films d'archives, par le recours exclusif au témoignage aussi bien des déportés survivants, L'ombre de la Shoah, « le plus grand crime de l'histoire », s'est propagée dans le temps, mais aussi dans l'espace, à l'ensemble des humains, relayée par les phénomènes concentrationnaires et totalitaires qui lui furent simultanés ou consécutifs.
Par sa menace contre le fait humain lui-même, par le doute radical qu'il porte sur le lien social, par le risque, fût- il minime, de sa répétition, le totalitarisme barre l'horizon de la subjectivité contemporaine d'un indéfinissable mal de vivre. L'intense activité intellectuelle autour de cette question a marqué sans doute l'effort collectif des hommes pour surmonter, sans oubli ni refoulement, les séquelles du drame ».

Arrêtons-nous sur ce texte de Philippe Burrin.
Quand l'auteur écrit : « le génocide découla d'un antisémitisme

extrême, mais sa réalisation fut facilitée par l'existence en Europe d'un antisémitisme diffus, qu'avait enraciné une culture chrétienne millénaire et ravivé par le racisme de la fin du XIXème siècle. Ce ne fut pas tant l'hostilité active ou une volonté de nuire qui détermina l'attitude de la grande partie des Européens, mais plutôt une sorte d'indifférence fondée sur le sentiment profondément ancré que les juifs étaient des étrangers. », il pose la responsabilité de l'Eglise.

Quand il écrit :« Depuis des décennies, les juifs étaient dépeints comme des parasites, comme de la vermine qu'il s'agissait de faire disparaître. En leur déniant la dignité d'êtres humains, en multipliant les appels haineux à la mort, le terrain était ensemencé pour l'extermination », il pose, là aussi, la responsabilité du christianisme qui, par l' « Enseignement du mépris » a participé à l'entreprise.

L'histoire de l'Europe a été marquée par de nombreuses manifestations violentes d'antisémitisme tout au long des siècles et on peut prendre l'exemple de celles qui se déroulèrent au cours des Croisades.
Jean Chélini est professeur au département d'Histoire de la Faculté de droit et de science politique de l'université d'Aix-Marseille III, ainsi qu'à l'Institut d'études politiques d'Aix-en-Provence. Il a créé et dirige l'Institut de droit et d'histoire canonique d'Aix- en-Provence.
J'extrais de son livre Histoire religieuse de l'Occident médiéval (Hachette 1997), des pages 414 à 417, le chapitre consacré à l'antisémitisme chrétien :

1) Origine et manifestations

Pourquoi la première croisade fut-elle marquée par une telle explosion d'antisémitisme dans l'Europe entière ? Les causes en sont multiples et complexes.

Malgré les bonnes relations entre les deux communautés, la majorité chrétienne considérait les juifs comme différents d'elle-même et comme ne participant pas à cette grande économie du salut dont la préoccupation tenaillait si fort les âmes du XI' siècle et dans les siècles suivants.
Or, les frères de ces étrangers dans la cité, les juifs d'Orient, passèrent pour aider les Turcs seldjoukides en Terre Sainte à persécuter les chrétiens. Dans ce vaste mouvement que fut la croisade, iln'y avait donc pas de place pour les juifs.
Comment d'ailleurs auraient-ils pu contribuer à libérer le sépulcre d'un homme dont ils n'avaient pas reconnu la divinité ?

Or la chrétienté du XIème siècle fut animée de mouvements de purification. A partir de là était déclenché un processus qui jeta les foules d'Occident contre les juifs, avant de partir pour la Terre Sainte, à la fois pour se venger de ceux qui avaient contribué à la mort du Christ et qui continuaient à aider les persécuteurs du non chrétien et pour se purifier d'avoir toléré cette présence étrangère.
Les premiers pogroms éclatèrent en Rhénanie et des accès de violence ne cessèrent plus de se manifester au cours de la période.Dans le même temps, la polémique anti-juive développait, tandis que des mesures se légales discrimination étaient mises en place.
Les thèmes du judaïsme dégénéré à la· naissance du Christ, .du peuple juif comme un peuple charnel incapable de comprendre le sens spirituel de 'Ecriture, mais surtout le thème du peuple déicide et pour cela repoussé de l'univers entier, courant déjà

chez les Pères, furent repris et développés par les clercs du temps.

Le prolongement historique de la synagogue, qui a refusé de connaître le Christ, n'était plus dès lors dans la pensée des théologiens qu'œuvre satanique, machinée par le diable comme contre-témoignage destiné à prouver au monde que le Messie juif n'avait pas été reconnu par les juifs et qu'il n'était donc pas le véritable Messie.
Il est vrai qu'aux yeux des païens, l'existence de juifs incrédules à la divinité du Christ était un argument de poids.
Les souverains, à leur tour, intervinrent et transformèrent en séparation légale et obligatoire dans un quartier spécial l'habitude qu'avaient les juifs de se regrouper volontairement Lapremière mesure officielle fut prise en 1294 par Philippe le Bel, à l'encontre des juifs de Beaucaire.

Déjà le « canon 68 » du IVème concile du Latran avait imposé aux juifs un habit distinctif. En France par exemple, ils portèrent la rouelle, pièce d'étoffe ronde cousue sur le vêtement à hauteur de la poitrine et à gauche, et le chapeau pointu de manière qu'aucune erreur ne puisse être commise par un chrétien sur l'identité des juifs hors de leur quartier. Dès le XIIème siècle, des signes distinctifs coutumiers s'étaient établis çà et là. Exclus progressivement de la propriété du sol et des divers métiers, encartes des fonctions d'autorité et de la chevalerie, les juifs furent de plus en plus réduits au commerce de l'argent et au prêt sur gages, ce qui augmentait l'animosité des chrétiens contre eux.

2) Les juifs dans l'iconographiechrétienne

Non seulement l'ostracisme commença à partir de la fin du XI'
ème siècle, mais encore apparut dans l'iconographie et la
littérature chrétiennes, une manière particulière de représenter et
de qualifier les juifs, qui n'existait pas auparavant. Ce sentiment
de différence fut accru aussi par le fait qu'avec la diffusion du
courant cabalistique, furent remises à l'honneur par les juifs les
prescriptions lévitiques concernant la barbe.

Beaucoup évitèrent désormais de se raser et portèrent la barbe
et les papillotes. Peu à peu s'esquissa dans les miniatures le type
du juif. Plus petit quel es chrétiens, il était figuré basané avec
une forte barbe en pointe, les sourcils touffus ; le nez droit à
l'origine, devint fortement busqué, voire crochu.
Très tôt, dès le XIIème siècle, la synagogue fut représentée
portant un bandeau sur les yeux, puisqu'elle n'avait pas voulu
reconnaître le Christ. Ajoutons qu'elle avait perdu sa couronne,
que sa bannière était symboliquement brisée, et que très souvent
la gueule de l'enfer engloutissant les juifs était figurée à ses
pieds.

Ailleurs, elle portait les instruments de la Passion, la lance, la
couronne d'épines, le bâton avec l'éponge, pour souligner sa
responsabilité dans le meurtre du Christ Pour charger encore
plus les juifs du déicide, certains artistes à partir du XIIIème
siècle substituèrent des acteurs juifs aux soldats romains dans le
drame de la Passion. Ainsi, les exécuteurs du Christ devenaient
des juifs qui portaient la barbe et le bonnet pointu. Lorsqu'une
scène évangélique était mise en œuvre, les juifs convertis, les
apôtres par exemple, étaient représentés comme des
Occidentaux, les autres juifs avec les caractéristiques du masque
juif ».

Comme je l'ai déjà écrit par ailleurs, imagine-t-on ce que cela a pu laisser comme empreintes dans l'inconscient ?

«Expulsés déjà une première fois du domaine royal capétien en 1182, bannis d'Angleterre un siècle plus tard, parqués ailleurs dans des quartiers spéciaux, les juifs étaient exclus de la chrétienté médiévale.
Dans l'au-delà, les chrétiens ne leur réservaient pas un meilleur sort.
L'Abbesse Herrade de Landsberg, dans son Jardin des Délices (Hortus delicarium), composé vers 1175, attribuait auxjuifs lepremier chaudron de l'Enfer.
Purifier le peuple chrétien d'éléments étrangers et coupables, réduire l'ensemble du corps social à l'unité spirituelle, avaient été les mobiles profonds de la persécution des juifs ».

Après avoir lu ce texte, transposez, comparez la situation des Juifs au temps des Croisades et leur situation dans cette même Europe au temps de la croisade contre le bolchevisme !
Reprenez l'argumentation nazie et comparez-la à celle qui était alors l'argumentation de l'Eglise.
Pendant huit siècles les mêmes arguments ont été véhiculés, transmis, repris, développés. Que de similitudes et pourquoi s'étonner du résultat !
Et ils deviennent ce qu'ils sont en fonction de l'univers qui est le leur.
On ne nait pas ce que l'on est, on le devient. On devient antisémite par l'enseignement que l'on reçoit, par le contexte dans lequel on évolue et par l'environnement moral et religieux dans lequel on vit. Quels pouvaient être les sentiments des chrétiens vis-à- vis des juifs quand l'Eglise leur prescrivait de s'en méfier, de les fuir, de les ignorer ?

Raul Hilberg, dans La destruction des Juifs d'Europe (chapitre 1, Les Précédents), dresse un tableau de mesures prises par l'Eglise contre la population juive en Europe :

Synode d'Elvira	En l'an 306	. Interdiction de mariages mixtes et des relations sexuelles entre chrétiens et juifs,
		.Défense au Juifs et aux chrétiens de manger à la même table.
Synode de Clermont	En l'an 535	.Exclusion des Juifs de toute fonction publique.
Synode d'Orléans	En l'an 538	.Défense aux Juifs d'employer des serviteurs chrétiens.
		.Défense aux

		Juifs de paraître dans les rue pendant la semaine Sainte.
Concile de Tolède	En l'an 681	.Destruction par le feu du Talmud et autres livres.
Synode de Trulanic	En l'an 692	.Défense aux chrétiens de se faire soigner par des médecins juifs.
Syynode de Narbonne	En l'an 1050	.Défense aux chrétiens de vivre dans des familles juives.
3 Concile de Latran	En l'an 1179	.Canon 26 : Défense aux juifs de porter plainte ou de témoigner devant les tribunaux contre les

		chrétiens . .Défense aux juifs de retenir des biens revant à des héritiers convertis aux crhistianisme
4 Concile de Latran	En l'an 1215	.Canon 68 : obligation du port d'insigne marquant les juifs
Concile d'Oxford	En l'an 1222	.Interdiction de construir de nouvelles synagogues.
Synode de Breslau	En l'an 1267	.Ghettos obligatoires.
Synode d'Ofen	En l'an 1279	.Défense aux chrétiens de vendre ou de louer les biens immobiliers à des juifs

Et à cela, toujours, s'ajoute, l'esnseignement du mépris... cela est bien entré et ancré dans le conscient et l'inconscient des chrétiens !

Pour savoir, comprendre, réaliser à quel point la papauté dans l'Eglise a influencé le déroulement de la vie politique du monde occidental, il faut fréquemment taire des retours en arrière et examiner d'importantes périodes de l'histoire et celle des Croisades en est une.

Je me propose, dans les pages qui vont suivre, de commenter quelques passages de livres et d'auteurs et je commencerai par Jean Flori, directeur de recherche au CNRS, auteur de La première Croisade. (Historiques, éditions Complexe 1997) :

« Quand il lance son appel à la croisade, Urbain II occupele trône pontifical depuis 7 ans.

Cet ancien moine de Cluny est un digne représentant du parti réformateur de l'Eglise dont le champion le plus illustre, quelques années auparavant avait été le grand pape Grégoire VII. Ce dernier n'avait cessé de lutter, tout au long de son pontificat (1073 - 1085) avec une rare énergie pour réformer l'Eglise. Pour lui, l'Eglise qu'il confondait volontiers avec la société chrétienne tout entière (ce que nous appellerions aujourd'hui la chrétienté), devait s'organiser en une sorte de monarchie dont Dieu, au ciel, sentit le souverain suprême et dont le Pape, sur terre, sentit le vicaire, le lieutenant, le vice-roi. Ce principe de gouvernement, que l'on appelle la théocratie, avait pour corollaire la reprise en main, par la papauté, des affaires de l'Eglise, (p. 17) »

Voilà une claire démonstration, s'il en fallait une de plus, de la temporalité d'une structure qui a dépassé, pour le catholicisme, le rôle habituellement imparti à une religion et qui n'a pas d'équivalent.

« Donc ces affaires avaient peu à peu glissé, depuis !'époque carolingienne, deux siècles plus tôt, entre les mains des princes laïcs : l'empereur en Allemagne et en Italie.

Les rois, les princes ailleurs disposaient à leur gré des dignités ecclésiastiques :de même que le seigneur local fondateur d'une église estimait avoir le droit d'en nommer le desservant, les princes et les rois se croyaient autorisés à nommer les évêques auxquels ils remettaient les domaines, bâtiments, terres et serviteurs qui constituaient la seigneurie épiscopale.

L'investiture laïque englobait celle du sacerdoce.

Un tel état de fait, hérité de la structure féodale de la société, n'avait pas que des inconvénients : les empereurs allemands ont souvent placé sur le siège de Saint Pierre d'excellents papes, y compris des papes réformateurs, mais ceux-ci étaient précisément trop avertis du caractère aléatoire de ces choix, dictés par l'intérêt politique, pour ne pas chercher à s'affranchir d'une aussi forte tutelle. Ils voulurent « libérer » l'Eglise.

C'est ainsi que Léon IX (1049 - 1054) affirma, par l'intermédiaire de ses théologiens et conseillers, la prééminence du spirituel sur le temporel et la primauté absolue de l'évêque de Rome sur l'Eglise, conçue comme une monarchie pontificale. Nicolas II (1058 -1061), œuvra dans le même sens et promulgua en 1059 le décret libérateur : désormais les papes seraient élus par un collège de cardinaux.

La papauté pouvait échapper à l'emprise de l'empereur. La tête de l'Eglise était libérée. Il restait à affranchir le reste du corps. »

Le cheminement est remarquablement tracé : c'est donc bien unilatéralement que la structure s'organise à partir d'une volonté affirmée de domination d'un corps sur les autres.

D'abord se libérer, puis s'organiser pour mieux affirmer son emprise

« Grégoire VII s'y employa avec une énergie farouche et une intransigeance qui frôlait l'intolérance. Dans son esprit, la papauté dirige Je sacerdoce et celui-ci, à son tour, dirige et domine les puissances laïques qui n'ont pas de légitimité en elles-mêmes. Leur pouvoir vient de Dieu, mais il leur est seulement confié par l'intermédiaire de l'Eglise, pour faire triompher le Bien sur le Mal, la vraie foi sur la fausse, l'Eglise sur l'hérésie. Le pape possède la vraie autorité (auctoritas), les princes, les rois, et même l'empereur ne font qu'exercer la puissance (potestas) qui leur est déléguée.

Un tel programme, affirmé sans nuance dans le texte célèbre des dictatus Papae (1075), impliquait bienplus qu'une libération de l'Eglise de l'emprise des laïcs : il s'agit d'une véritable révolution, d'un renversement total des perspectives. Le pape affirme tc1 son entière souveraineté dans l'Eglise : nomination des évêques, droit de casser les sentences. Il affirme aussi une véritable suzeraineté de droit sur les pouvoirs laïcs : droit de faire et de défaire les rois, de déposer les empereurs, de délier les sujets de leur serment de fidélité aux souverains ... ».

Remarquez-le, toute la structure, la construction de l'autorité, la base de la société est établie à partir d'un postulat : Dieu, et pas n'importe lequel, donne pouvoir à un représentant qui a tous pouvoirs pour construire la société civile comme il l'entend et ce sur toute la chrétienté.

Imagine-t-on, aujourd'hui, semblable Etat ? Comment serait-il qualifié ?

« Il s'en est suivi, on s'en doute une longue période de conflits d'une part contre le pouvoir civil, d'autre part contre des « fléaux » tant à l'intérieur qu'à l'extérieur. A l'intérieur, les périls se nomment hérésie, corruption, simonie (trafic des charges ecclésiastiques) chez les clercs, violence, impudicité, adultère et inceste chez les princes et les seigneurs laïcs, quand ce n'est pas aussi chez les membres du clergé.

Une réforme morale s'impose. Elle ne peut venir que de la tête, selon la nouvelle conception théocratique del'Eglise.

A l'extérieur, depuis 1054 le schisme est consommé entre la partie occidentale de la chrétienté dirigée par Rome et la partie orientale dirigée par Constantinople.

C'est un péril commun qui évita la rupture définitive : les musulmans, en effet, se montraient menaçants aussi bien pour l'Orient que pour l'Occident.

En Occident, en 1086, la défaite des armées du roi d'Espagne Alphonse VI à Zallaqa, devant les troupes marocaines marque un coup d'arrêt à la reconquête chrétienne. En Orient, en 1071, les Turcs seldjoukides, nouvellement convertis à l'islam, écrasent les troupes byzantines à Mantzikert et prennent possession de presque toute l'Asie Mineure. Urbain Il n'avait pas encore de projet de croisade quand il convoqua le concile de Clermont, la condamnation du roi de France Philippe l pour son union adultère et incestueuse avec Bertrade de Montfort sa cousine. L'adultère, surtout chez les princes, prenait fréquemment la forme d'une bigamie plus ou moins officielle, issue, peut-être, des coutumes nordiques. L'inceste au sens large du terme, vient de ce que l'Eglise, au XIème siècle, définit avec précision de plus en plus exigeante les degrés de parenté prohibant le mariage : on va jusqu'au 7 degré, dans certain cas !».

C'est maintenant du livre de Georges Duby *Le chevalier, la femme et le* prêtre (Paris 1979) que j'extrais ce qui suit :

« La réforme du clergé et les moyens de faire observer la Paix et la Trêve de Dieu par les chevaliers qui faisaient régner la terreur en Aquitaine et dans le sud de la France étaient à l'ordre du jour. C'est que l'insécurité créée par les professionnels de la guerre exigeait un exutoire et Cluny avait déjà tenté de canaliser cette violence en la dirigeant vers des objectifs définis comme louables.

Ne peut-on penser que l'idée de la lutte pour la paix de Dieu et pour l'unité de la chrétienté ne se soit pas mêlée à celle de la guerre contre les musulmans en Espagne ou en Orient ? La lutte contre les infidèles répond à une rigoureuse logique interne. Deux raisons fort différentes, la reconquête déjà, et la pacification dans le sud de la France pourraient avoir été des motifs au prêche de la première croisade. ».

Reprenons le texte de Jean Flori :

« Donc Urbain II proclame la croisade : ses talents oratoires et ceux de quelques autres comme Pierre l'Ermite ou Robert d'Arbrissel ont joué un rôle déterminant dans ce succès. A cette époque les hommes sont ardents, émotifs, capables de prendre des décisions importantes sous l'emprise de fortes passions. Certains prédicateurs habiles ou inspirés savent utiliser cette émotion et faire vibrer la corde sensible.

.Les arguments développés ?

• Le thème de la souffrance des chrétiens sous l'oppression musulmane, et ce thème se prêtait bien à des développements susceptibles d'émouvoir les masses.

Robert le Moine attribue au pape la description des églises détruites, des lieux saints souillés, des chrétiens immolés sur les autels, des femmes chrétiennes violentées, livrées au public. Autant de motifs propres à exciter l'imagination des foules et à les pousser à l'action.

• Le thème du secours aux chrétiens d'orient et de la libération des lieux saints, n'est-ce pas l'appel à l'amour des chrétiens pour Dieu et pour leurs frères opprimés et à délivrer Jérusalem ? • Le thème du pèlerinage armé méritoire : Jésus avait promis à tous ceux qui abandonneraient, pour lui, famille, maisons, terres, qu'ils retrouveraient tout cela au centuple dans « la maison du Père », le royaume de Dieu, avec la vie éternelle.

En prenant les armes pour le servir, les chevaliers devenaient des « soldats du Christ » et c'est Dieu qui les rétribuerait, effaçant les péchés de ceux qui partaient et assurant la vie éternelle à ceux qui périraient dans ce bon combat. »

Les thèmes de la croisade antibolchévique étaient-ils tellement différents ?

« Il ne s'agit pas de pogroms accidentels résultant de pillages dus aux débordements de troupes mal contrôlées. Les chefs de ces troupes ne furent pas débordés : ils dirigèrent des massacres organisés qui ne furent ni spontanés ni fortuits.
La spoliation n'est pas le but principal.
Certes cet aspect existe. Pierre l'Ermite, par exemple, s'était procuré (par quels moyens de pression ?) auprès des communautés juives de France, une lettre qui invitait leurs coreligionnaires, dans les régions traversées, à lui fournir vivres et subsides afin que ce moine de grande réputation parle d'Israël « en termes aimables ».

A Trêves il obtint d'ailleurs les subsides demandés et continua sa route pacifiquement.

A Mayence, les juifs crurent que les croisés d'Emich désiraient la même chose. Ils lui offrirent de l'argent et des lettres destinées aux autres communautés afin de les disposer à ouvrir leur bourse. Ils constatèrent bien vite que cela ne leur serait d'aucun secours : Emich voulait tout autre chose ! Les pillages et les spoliations furent bien réels mais ils accompagnèrent les massacres bien plus qu'ils n'en furent la cause.

L'extermination des juifs comme « ennemis de Dieu » :tel semblait être le but à atteindre si l'on en juge par l'acharnement avec lequel ils furent recherchés, traqués, poursuivis jusqu'au dernier. Le caractère systématique de l'extermination est souligné par le fait que les juifs, sachant qu'ils n'avaient aucune chance d'en réchapper, préférèrent le plus souvent s'immoler eux-mêmes, en une sorte de sacrifice volontaire à Dieu, plutôt que de périr de la main des chrétiens. Cette attitude ne fit d'ailleurs qu'exciter encore plus les croisés à assouvir leur vengeance sur eux.

Les sources hébraïques affirment en effet que les croisés voclaient exercer leur vengeance sur le peuple qui avait crucifié Jésus. Les somces chrétiennes ne disent d'ailleurs pas autre chose : ceux qui massacraient les juifs estimaient qu'ils accomplissaient ainsi le « commencement de leur expédition et de leur service contre les ennemis de la foi chrétienne ». Abolissant ainsi le temps comme on l'a souvent dit, voclaient-ils venger, sur les juifs du XIème siècle, la crucifixion de Jésus dont ils rendaient coupables leurs ancêtres ? C'est possible.

Mais on peut aussi y voir l'accomplissement d'appels lancés aux fidèles et vassaux du Christ (fidèles et milites Christi) à venger leur maître de tous ses ennemis : musulmans occupant Jérusalem, l'héritage du Christ, mais aussi juifs et hérétiques, qui ne furent pas non plus épargnés.

La Chanson d'Antioche exprime bien la conception populaire de l'époque pour laquelle juifs etmusulmans ont mené et mènent le même combat contre le Christ, qui les mobilise pour libérer « sa ville ». Parmi les chrétiens de l'époque, nombreux étaient ceux qui partageaient l'opinion qu'il y avait incohérence à se lancer dans une expédition lointaine pour aller combattre chez eux les ennemis de Dieu tout en laissant subsister, au cœur-même de la chrétienté, d'autres ennemis de Dieu, ceux qui ont crucifié Jésus. (C'est ce que rapportent plusieurs sources. Voir par exemple Annalista Saxo, Chronicon, a. 1092-1096, MGH SS. 6p729 ; Richard de Poitiers, Chronicon, HF. 12, p 411- 412 ; même type de raisonnement dans Guibert de Nogent, De vita sua, Lib. II, c. 5, éd. E. R. Labande Paris 1981, p 246).

Baudri de Dol, évêque cultivé et poète précieux, partage pourtant la mentalité commune lorsqu'il relate et explique son émotion à la destruction d'une ville d'hérétiques (probablement des pauliciens), que les croisés brûlèrent avec ses habitants car en vérité, tous ces pèlerins considéraient comme également haïssables les juifs, les hérétiques et les Sarrazins, qu'ils appelaient tous « ennemis de Dieu ».

La logique, sur ce plan, était sauve: Pourquoi venger une offense faite à la ville sainte, prise par les musulmans 450 ans plus tôt, et laisser impuni l'affront de la crucifixion accompli 1.000 ans auparavant ? La conversion des juifs ?

Ce pourrait être, plus encore, le but recherché par les croisés utilisant la technique « crois ou meurs ».

On en a la preuve dans leur désappointement lorsqu'ils constatent que les juifs se donnent eux- mêmes la mort, aux précautions qu'ils prennent pour que Jeurs prisonniers ne se tuent pas et aux moyens les plus divers qu'ils emploient pour arracher les « conversions » : pro1nesse, intimidation, terreur, tortures.

Les chroniques latines notent d'ailleurs presque exclusivement le baptême de nombreux juifs : elles rejoignent ainsi sur ce point les sources hébraïques qui affirment que les croisés " ne voulaient pas tuer les juifs, mais les convertir de force ».

Le refus de la plupart d'entre eux de renier leur foi leur apparut comme une preuve de leur « folie », voire une justification. En bref, ces fanatiques sanguinaires et obstinés accusèrent leurs victimes de fanatisme et d'obstination. Le procédé, on le sait, fera fortune.

Pourquoi cet acharnement à convertir les juifs ? Il est à mettre au compte de J'attente messianique de la fin des temps.

L'idée de la conversion finale des juifs puise ses racines dans les premiers âges du christianisme et a été clairement exprimée par les plus grands docteurs de l'Eglise médiévale, de Grégoire le Grand à Bernard de Clairvaux. Elle figure aussi, en bonne place, dans de très nombreux textes pseudo-prophétiques en faveur dans les milieux monastiques du XI' siècle : avant la fin des temps, selon ces traditions, on verra paraître un roi franc, qui deviendra roi des Grecs et des Romains ; il ira à Jérusalem pour combattre l'Antéchrist et convertira à la vraie foi juifs et musulmans.

La conversion des juifs pouvait donc apparaître comme un geste d'autorité à portée messianique, et c'est probablement ainsi que le comprenait le principal responsable des pogroms, Emich de Leininge. Il prétendait avoir reçu les stigmates de la croix du Christ et la mission divine d'aller en Italie du Sud (gréco-romaine), pour y être investi de la couronne royale (Salomon Bar Simeon). Emich, à n'en pas douter connaissait les traditions apocalyptiques et les légendes relatives « au roi des derniers jours ». Il appliqua à lui- même ces prophéties et chercha à en réaliser une partie en s'acharnant, avec la cruelle efficacité que l'on sait, à la conversion des juifs ou, à défaut, à leur extermination.

Ces croisés pourfendeurs de juifs ne tenaient pas de telles notions d'Urbain II.
Il faut plutôt y voir l'origine chez ces prédicateurs populaires qui, comme Pierre l'Ermite, marchèrent sur les chemins, bien avant la date prévue, des croisés fanatisés pour lesquels tous les moyens étaient bons pour convertir ou pour exterminer les « ennemis du Christ » qu'ils prétendaient venger pour le servir (p.49) »

A partir de cette description d'événements qui ressemblent étrangement à ceux d'une époque récente, on peut comprendre les positions des dirigeants des différentes nations chrétiennes face aux auteurs et complices du massacre.

D'où, peut-être, la protection accordée à Touvier et à tous ceux qui trouvèrent refuge en Amérique du Sud après la Seconde Guerre mondiale.

D'où, sans doute, la volonté politique de nos dirigeants, depuis la Libération, de sauvegarder avant tout l'unité et la stabilité du pays et arriver ainsi à la grâce, au pardon et à l'oubli.
Alors « Pardonnez- nous nos offenses comme nous les pardonnons à ceux qui nous ont offensés », et le tour est joué : les Croisades et leurs massacres, 1492, l 'Inquisition, les massacres d'Indiens, la révocation de !'Edit de Nantes, les Oustachis, le silence de la Papauté devant la barbarie nazie, et le massacre des débiles mentaux, des tsiganes, des homosexuels, des juifs.

Pour les juifs, il y a la longue explication développée tout au long des siècles : peuple déicide il est condamné à l'errance et à la punition.
En observant, au siècle dernier, la création de l'empire colonial français on remarque qu'il s'étend à partir des rives de l'Afrique vers le sud et que cette progression est accompagnée d'une puissante évangélisation.

Plus tôt, en 1492, ce sont les Espagnols qui ont servi d'avant-garde pour progresser vers l'Ouest.
S'il faut dominer toujours davantage, il faut se protéger de ceux, les autres, qui poursuivent le même but. Si l'équilibre mondial est tant bien que mal maintenu c'estquedesforces,despressions différentes le maintiennent. Et pour maintenir l'équilibre des forces et permettre aux possédants de conserver leurs avoirs et aux dominants de se maintenir dans leur état avec le minimum de moyens policiers et de la façon la plus acceptable, sont établies des règles de pensées, de vie, qui sont imposées à des hommes et dont l'ensemble s'appelle la morale.

Elle est, pour ce qui nous concerne, judéo-chrétienne et s'est imposée dans le monde occidental tout au long de ces vingt derniers siècles et a succédé à une autre, celle du monde romain, dont elle a pris la place.

Puis est arrivée l'Union Soviétique.

Pour s'opposer à la doctrine communiste qui menaçait de déferler sur l'occident chrétien et qui aurait jeté bas tout l'édifice construit depuis l'écroulement de l'empire romain, l'Eglise romaine a, par tous les moyens, favorisé la mise en place de contre-feux dans les pays les plus menacés : Allemagne, Italie, Espagne.

Elle a aidé et soutenu le parti national-socialiste parce qu'elle voyait en Hitler un rempart contre le désordre social et le bolchevisme.

En France, l'épiscopat accueille Pétain en homme providentiel: ne rétablit-il pas, entre autres, l'enseignement religieux dans les écoles ? N'est-il pas celui qui apporte la revanche contre la « gueuse » de 1789 et la suite ?

A part cinq ou six évêques sur soixante-treize, la hiérarchie catholique française a souscrit, en 1940, au sentiment exprimé par le cardinal Gerlier de Lyon :« Pétain, c'est la France, et la France, aujourd'hui, c'est Pétain ».

Pie XII qui a eu connaissance des camps nazis et entendu les cris d'alarme, comme l'attestent les archives consultées par des spécialistes, s'est tu . Pie XI avait commandé, en 1938, à trois jésuites une encyclique dénonçant les pratiques racistes et antisémites de l'Allemagne hitlérienne et de l'Italie fasciste.

Son titre était Humani Generi Unitas (L'Unité du genre humain). Cette encyclique devait être l'aboutissement de son combat contre e nazisme et le communisme.
Sa mort en février 1939 empêcha sa publication et son successeur Pie XII l'abandonna dans les tiroirs. Jamais une encyclique restée secrète n'avait autant fait parler d'elle. Au début des années 70 le National Catholic Reporter, aux USA, en avait publié des extraits.

La publication du livre L'Encyclique cachée de Pie XI aux éditions La Découverte permet de mieux comprendre l'attitude de l'Eglise catholique à la veille du déclenchement de la deuxième guerre mondiale.
Ce livre est l'œuvre de deux historiens belges, Bernard Suchecky, ancien professeur à Bruxelles et à New York, et Georges Passelecq, moine bénédictin, ancien déporté, secrétaire de la commission catholique belge pour les relations avec le judaïsme.
Ce livre raconte l'histoire d'une occasion manquée, celle de l'Eglise devant l'antisémitisme à la veille du génocide. Il pose le problème du silence de Pie XII pendant la guerre et l'histoire de la Compagnie de Jésus confrontée à des choix difficiles dans cette période dominée par l'affrontement du fascisme et du communisme.
Dès le lendemain de son élection, le 2 mars 1939, Pie XII reçoit un message chaleureux de Hitler auquel il répond dans les mêmes termes (Saul Friedlander - Pie XII et le 3ème Reich) et quand l'armée allemande entre en Tchécoslovaquie ilne proteste pas.Il n'intervient pas davantage le 1 septembre 1939 quand la Pologne est envahie.

Dès le début de 1942, le Vatican est informé de la miseen œuvre de la solution finale.

Il est alerté par les organisations juives, les milieux diplomatiques, les aumôneries militaires, par le nonce de Slovaquie et aussi par des officiers allemands, le colonel Kurt Gerstein par exemple, éconduit par le nonce à Berlin, Mgr Orsenigo, alors qu'il disposait de témoignages oculaires sur les camps de la mort en Pologne.

Pie XJI y fait allusion lors de son message de Noël 1942 :il parle de " centaines de milliers de personnes qui, sans aucune faute de leur part, par le seul fait de leur nation ou de leur race, ont été vouées à la mort ou à une progressive « extinction ».

Il peut s'agir aussi bien des juifs que des prisonniers de guerre soviétiques ou que des tziganes. Il dénoncera aussi le nationalisme, le totalitarisme, le mépris des engagements internationaux, aussi bien par les Soviétiques que par les Allemands mais il craignait probablement, en parlant plus fort, d'aggraver le sort des victimes et d'encourager des représailles telles que celles qui suivirent, aux Pays Bas, la dénonciation de l'occupant nazi par l'épiscopat hollandais.

Et pourquoi ce silence ?

Au nom de la raison d'Etat.

Parce que la raison d'Etat est toujours la plusforte ; la raison d'Etat c'est la raison des forts, des puissants, de ceux qui dirigent et leur raison passe avant toute morale. Cette raison c'est le maintien de l'ordre. Cet ordre, c'est celui sur lequel repose tout l'édifice hiérarchisé qui fait que nos sociétés peuvent tenir et continuer à se développer malgré leurs contradictions et que les dirigeants peuvent rester à la place qu'ils occupent.

Pendant les vingt années de l'entre-deux guerres, et confronté à l'instabilité politique à l'intérieur de l'édifice, à la menace aux frontières de l'Est, le Vatican s'est trouvé placé devant un choix qu'il a fait sciemment : la raison d'Etat, et « sa » raison d'Etat lui commandait sa position.

Pour mieux expliquer cet état de fait ilm'a semblé utile de me servir du livre Histoire du Catholicisme de Jean- Baptiste Duroselle et Jean Marie Mayeur (P. U. F 1990) dont j'ai tiré ci-dessous des extraits que je livre tels quels : Catholiques : dans la foule des Chrétiens, ceux qui sont membres de l'Eglise dont le chef estl'évêque de Rome.

On oppose le Catholicisme au Protestantisme, à !'Orthodoxie orientale, aux sectes coptes, arméniennes, etc.
L'Eglise catholique enseigne une doctrine : l'essentiel est la Tradition, ensemble de vérités explicitement incluses ou non dans la Bible, mais enseignées par l'autorité de l'Eglise.

L'Eglise est une société à la fois « divine et humaine ». Divine elle est « sans tache, sans ride, sainte et immaculée » (cardinal Suhard -1947). Elle est composée d'une petite minorité de saints et d'une masse immense de tièdes et de pécheurs. L'Eglise est composée des membres de cette Eglise dont le chef est l'évêque de Rome, le Pape. Elle a une vocation universelle.

Les origines :

A partir de la tradition judaïque, cette religion a été fondée par jésus de Nazareth.

Qui était-il ? Il a conservé tout au long de sa carrière, certains traits caractéristiques juifs mais il s'est opposé à la religion mosaïque ».

Faut-il y voir l'expression des traits narcissiques de Jésus ? Comme l'écrit Bella Grunberger dans Narcissisme

Christianisme Antisémitisme :

« A la base du psychodrame se trouve une blessure d'une importance psychologique fondamentale : le Christ qui évoluait au sein d'une société juive patriarcale, n'avait pas de père réel. Ses origines sont d'emblée présentées comme surnaturelles. Personne plus qu'un enfant dont la paternité est incertaine n'a autant besoin d'amour ».

« Cette modeste secte se recruta d'abord parmi les Juifs puis parmi les « Gentils » et elle se développa rapidement à l'intérieur et à l'extérieur de l'empire romain, mais ses premiers pas ne furent pas facilités et il faut attendre l'édit de Milan en 313 pour que cesse la persécution dont elle était l'objet.

Rome capitale politiqne de l'Empire a été choisie comme centre embryonnaire de l'Eglise plutôt que Jérusalem détruite par les Romains après le siège de 78.
Dans toutes les classes de la société, la religion nouvelle, malgré les persécutions, continue de se propager et il arriva que l'Empereur s'y convertît vers 310.

Au cours des quatre premiers siècles, le christianisme est un phénomène essentiellement urbain au sein du monde romain et à la fin du II' siècle il est implanté dans les grands centres de l'Empire : Rome, Alexandrie, Antioche, Ephèse, Corinthe, Carthage, Lyon et ildevient religion d'Etat.
Depuis ce moment et jusqu'à la querelle des investitures, où Pape et Empereur tentèrent de se destituer mutuellement, l'histoire de la Papautésemble indissolublement liée à l'idée d'empire.

Le christianisme a éprouvé très tôt le besoin d'assurer son unité, surtout après l'adoption d'une politique de tolérance de Constantin (313) qui lui a permis de se développer, après qu'il fût devenu religion d'Etat. Il l'a fait, d'une part, avec les conciles que réunissait l'empereur, d'autre part par l'affirmation, très explicite sous Damase (366- 384), de l'autorité de l'évêque de Rome.

Ce dernier fut considéré comme perpétuant la primauté de Pierre qui fut le premier des apôtres, né en l'an -10 avant J.C, et que Jésus institua chef de son Eglise. Il prêcha l'évangile en Judée, en Galilée, en Asie mineure puis à Rome sous Claude puis sous Néron. Il mourut crucifié. Souvent pris pour arbitres dans les démêlés qui agitèrent la première communauté chrétienne, les papes virent leur primauté consolidée par l'importance politique et morale de Rome. Les conciles de Nicée et d'Ephèse la proclamèrent. Tout au long de ses 20 siècles d'existence elle doit lutter à l'intérieur d'elle-même contre des mouvements hérétiques, les mànichéens, les pélagiens aux 3ème et 4ème siècles.

Elle doit aussi lutter contre des concurrents, les Jnifs d'abord, puis les musulmans (Mahomet est mort en 632) et aussi se protéger des invasions barbares aux 4c, 5e et 6c siècles.

Elle doit s'auto-organiser. Dans les premiers siècles, le pape était seulement l'évêque du très petit diocèse de Rome, au 4' siècle il est aussi le métropolitain de l'Italie suburbicaire dont il consacre les deux cents évêques.

Il revendique, comme successeur de saint Pierre, la primauté universelle, il prétend avec un succès inégal, à la préséance sur les autres patriarches, au droit de prendre en matière de dogme des décisions valables pour l'Eglise entière, au droit de juger en dernier ressort en matière disciplinaire.

  C'est une époque de grands bouleversements au cours de laquelle s'élaborèrent les éléments qui formeront la trame des luttes de pouvoirs de tout le Moyen-Age.
La nostalgie de l'Empire Romain universel a marqué l'Europe pendant tout le Moyen-Age. Comme un raz de marée, les invasions du 4' siècle avaient renversé les institutions politiques, administratives de l'Empire, mais au fur et à mesure de leur reflux on voyait réapparaître leurs vestiges sous des formes variées. D'autant que l'Empire romain semblait correspondre à cet Etat universel dont parlait le prophète Daniel et dont la fin devait annoncer le règne de l'Antéchrist et l'approche de « l'Apocalypse !».

Selon Robert Folz dans L'idée d'empire en Occident du Vème au XIVème siècles (Editions Montaigne, Paris 1953) :

« Les tentatives de rétablir l'Empire échouèrent parce que ce désir d'universalisme était partagé entre deux visions distinctes, celle de la restauration politique, tentée à plusieurs reprises mais jamais réalisée, et celle, toute spirituelle, de
la Chrétienté, qui s'incarna, avec plus de succès, dans le développement de l'institution papale.
C'est le représentant du Pape qui préside le concile d'Ephèse en 431 et le concile de Chalcédoine en 451, et déclare agir en union avec lui. Mais pendant longtemps l'Occident fit pâle figure auprès de l'Eglise byzantine.
L'Empire romain avait été séparé en deux parties en 395, à la mort de Théodose. Au moment où l'Empire d'Occident s'écroulait sous le choc des invasions, l'Empire romain d'Orient

tenait le coup. Sous le règne de Justinien, une partie importante de l'Italie, incluant Rome et l'Afrique du Nord, fut reconquise. Mais à bout de souffle, ilne parvint pas à maintenir ses acquis territoriaux : chassé de l'Italie, l'Empire byzantin perdit progressivement sa symbolique universelle, pour devenir un empire strictement grec.

Isolé de Constantinople par l'invasion lombarde, le Pape doit jouer le rôle d'un vrai souverain et c'est la préface à l'institution du pouvoir temporel des papes. L'Eglise byzantine avait été le centre des grandes controverses théologiques, le siège de tous les grands conciles, les Byzantins ne voyaient dans le siège apostolique de Rome que l'un des cinq patriarcats et Constantinople où résidait !'Empereur, la seconde Rome. Elle étendait son influence sur les patriarcats d'Alexandrie (Lybie, Egypte, Pentapole), de Jérusalem (Palestine), d'Antioche (Arabie, Phénicie, Syrie), de Constantinople (Asie Mineure, le Pont, les Ballkans). Elle fut déchirée par des querelles sur les natures du Christ aux 5ème, 6ème et 7ème siècles.

Cet orgueil oriental joint aux controverses dogmatiques, fut la source de schismes temporaires entre l'Orient et Rome, en attendant le schisme définitif du XIème siècle.
L'Eglise dont !'organisation s'était développée en symbiose étroite avec les structures administratives de l'Etat romain et qui demeurait en place après la chute de l'Empire, alors que la plupart des institutions politiques étaient démantelées, assurait une continuité de la présence romaine.
C'est grâce à cette présence et à cette organisation que les envahisseurs barbares se virent peu à peu romanisés. Et aussi l'idée que la Papauté était l'héritière légitime de l'Empire romain, devenu Chrétienté universelle, se précisa peu à peu et elle se manifesta clairement au VIème siècle avec la rédaction de la

Donation de Constantin, et dans la revendication de la suprématie du pouvoir spirituel papal sur le pouvoir temporel.

Il s'agit d'un faux document attribué à l'Empereur Constantin, premier empereur chrétien où celui-ci déclare avoir abandonné le trône de !'empire d'Occident au pape, lui réservant le droit de porter les insignes impériaux.
Ce document faisait du Pape le chef temporel suprême de l'Occident. Il confirmait également la suprématie de Rome sur les églises d'Orient. Bien qu'il s'agisse d'une pure fiction, la Donation de Constantin est fort révélatrice des buts que s'était fixés la Papauté. Elle justifiait également la création des Etats pontificaux.

En Occident, du 8ème au 11ème siècle, se constitue un Empire chrétien d'Occident fondé par Charlemagne qui mène activement la réforme intellectuelle et morale de l'Eglise. Cet empire se désagrégera et l'Eglise d'Occident tombe au pouvoir des laïques. Mais le sacre de Charlemagne en 800 fut une initiative de la Papauté qui cherchait à matérialiser sa suprématie théorique et à légitimer sa rupture avec Constantinople. En sacrant Charlemagne Empereur, le pape établissait le principe de sa prééminence sur le pouvoir temporel, et faisait du sacre un nouveau principe de légitimité de l'Empire - ce que Charlemagne n'accepta d'ailleurs pas en sacrant lui-même son successeur à Aix la Chapelle.

Pendant cette période se forme l'Etat pontifical et tandis que s'opérait le schisme entre Rome et Byzance, tandis que l'Eglise romaine semblait vouée à la décadence, la naissance et le prodigieux développement de l'ordre de Cluny prépare lc renouveau en appuyant puissamment le mouvement de réforme entrepris par la papauté au XIème siècle et que Grégoire VII mena à bien prétendant être le maître souverain de l'Eglise et affirmer la supériorité du pouvoir spirituel sur le pouvoir temporel.

La papauté apparaît alors comme une puissance religieuse, morale et politique de premier ordre. Elle le resta tout au long des siècles qui suivirent, malgré les difficultés auxquelles elle eut àfaire face : situation de l'Italie, lutte avec la royauté française, la Réforme, etc. ».

J'ai voulu, en rappelant brièvement cette construction et en m'inspirant de cet ouvrage, montrer que l'édification de la puissance vaticane s'est poursuivie tout au long des siècles très méthodiquement, inexorablement et qu'elle était bien le but que s'était fixé la Papauté.

Jack Goody, ancien directeur du département d'anthropologie de l'université de Cambridge puis chargé de cours à!'Ecole des Hautes Etudes en Sciences Sociales, rapporte dans son livre L'évolution de la famille et du mariage en Europe (Armand Colin 1985) la façon dont l'Eglise devint le plus gros propriétaire foncier de tout l'Occident.

Cet aspect de l'histoire est trop occulté pour que je n'y consacre pas une place importante. Il permet d'avoir une vision différente sur ce qu'est le christianisme et notre façon de vivre, même si nous n'en sommes pas ses adeptes.

« Comment l'Eglise devint-elle riche et donc puissante ? Les décrets et la législation du IVème siècle modifièrent les modèles du mariage et les règles de vie dans tout l'espace dominé par le christianisme, qui n'a que peu ou pas de rapport avec les doctrines de la foi, moins encore avec ses Ecritures. Toute mise en place d'un système de règles, surtout de celles auxquelles il est malaisé de se conformer, favorisait sa position (de l'Eglise) et renforçait son empire sur les destinées d'un peuple »

Au 19ème siècle, l'historien Henry Hallam écrit :

« Les interdits qui frappaient certaines unions jouèrent un rôle important du fait qu'ils contraignaient les maisons princières d'Europe, qui pouvaient rarement s'allier entre elles sans enfreindre les limites canoniques, à rester en bons termes avec la Cour de Rome.
Des considérations similaires opéraient dans les relations entre l'Eglise et la masse du peuple. En se glissant dans le tissu même de la vie domestique, del'héritage et du mariage, l'Eglise pliait sous sa loi les petites gens. Paysans comme rois lui étaient asservis. La religion s'insérait dans les unités fondamentales de production et de reproduction. Le monde entier péchait et payait cher son péché ».

Bède le Vénérable, mort en 735, dans son Histoire Ecclésiastique de l'Eglise et du peuple anglais fait ressortir dans son exposé des processus de conversion :

« Une des plus profondes métamorphoses concomitantes à l'introduction du christianisme fut l'énorme transfert de biens privés à l'Eglise qui devint rapidement le pins gros propriétaire foncier d'Angleterre (ainsi que de la plupart des pays européens) - position qu'elle garde encore ».
Page 99, dans son examen de ce qu'il nomme la quête chrétienne de légitimité et de consolidation, qui se poursuit de l'an 30 à 312, Gager appelle l'attention sur un groupe de facteurs pertinents :multiplication des fidèles,expansiond'administrateurs,communautaires,millénariste et inévitable instinct de préservation des intérêts idéaux et matériels, en même temps que faiblesse inhérente de l'idée d'autorité apostolique,géographique, nécessité pour les ressources déclin de l'enthousiasme .

Les communautés chrétiennes primitives avaient plis la synagogue pour modèle, pendant deux cents ans elles n'avaient possédé aucun lieu de réunion identifiable, préférant mettre au premier plan l'idée d'une congrégation de fidèles, qui prenait un relief particulier dans le milieu urbain où elles s'étaient d'abord formées.

Le processus d'officialisation de l'Eglise, pourvue de lieux de culte et d'une organisation charitable, ecclésiale et domiciliée, nécessitait l'accumulation de fonds. Des offrandes en espèces fournissaient une partie du revenu. Mais une fois franchie !'étape missionnaire des disciples, une base permanente d'opérations imposait l'acquisition d'autres formes de biens- fonds, terres et bâtiments. C'est une mécanique que nous retrouvons dans les sectes et communes modernes', et qui débouche sur des contradictions et des conflits internes. Car même si c'est l'organisation, non les individus, qui fait l'acquisition, elle va fréquemment à l'encontre des préceptes d'une idéologie réformatrice.

A ses origines, l'Eglise n'avait pas possédé de propriétés foncières. Les détenteurs de biens-fonds les vendaient pour lui remettre l'argent (Actes 4 : 34). Ce fut avec la conversion de Constantin et sa victoire du Pont Milvius en 312 que commença la révolution du IV' siècle. Les chrétiens étaient maintenant en mesure de prendre en main l'Empire. Malgré le caractère essentiellement agricole de l'économie dans la région, le christianisme était alors, dans une large mesure, urbain.

Au IVème siècle, il pénétra dans les classes supérieures où il fit un grand nombre de convertis, ce qui leur donna une position dominante (Jones 1963 : 21). Ce furent ces classes nanties qui allaient transmettre à l'Eglise une partie de leurs biens immobiliers.

En 321, Constantin décréta que le legs d'un mourant à l'Eglise était valable même s'il était oral, cette « liberté » signifiait qu'il était possible de déshériter sa parenté en faveur de Dieu, d'où rapidement des problèmes et des réactions.
Saint Augustin refusait à l'Eglise le droit d'accepter tout legs fait au détriment d'un fils (Sermon 355-4). Pour les prêtres et les moines, accumuler des richesses n'était pas seulement un moyen d'arrondir leur escarcelle, il fallait des revenus à l'Eglise aussi bien pour secourir les pauvres que pour subvenir aux besoins du clergé et entretenir les bâtiments. L'aide aux pauvres, aux chrétiens pauvres, facteur important du christianisme primitif, était au Ill siècle, devenue une entreprise de grande envergure qu'il fallait gérer à plein temps et qui concourut sans aucun doute au recrutement rapide d'adeptes (Gager 1975 : 131).

A dater de Constantin, les propriétés de l'Eglise gonflèrent rapidement et régulièrement. L'Empereur lui-même fit des largesses en terres et demeures.
De vastes demeures furent offertes par des nobles romains et de petits legs par les humbles. Certains de ces biens étaient légués par des individus ou des couples sans enfant, d'autres par la prêtrise elle- même. Dans l'ensemble, les nouvelles richesses venaient des membres recrutés par l'Eglise après son officialisation au début du IVème siècle ».

E. Gibbon écrit en 1880 dans *The history of the decline andfall of the Roman Empire* :
«*Les chrétiens de Rome possédaient* des fortunes considérables, un grand nombre de prosélytes ayant vendu leurs biens-fonds pour enrichir la secte, dépouillant ainsi, il faut le dire, leurs malheureux enfants, qui se retrouvaient dans le dénuement parce que leurs pères avaient été saints. » (Il, 132).
Ce n'est pas seulement en réduisant des enfants à la misère que l'Eglise acquit si rapidement des terres.
Elle y parvint aussi en contrariant les procédures susceptibles de fournir des héritiers aux personnes sans enfants et en réduisant les droits et devoirs de la parenté en faveur de la secte d'abord, de l'Eglise ensuite.
Salvien, auteur chrétien du Vème siècle qui devient prêtre à Marseille, était à l'évidence né dans une famille aisée. Il se déponilla par la suite de tous ses biens en faveur de l'Eglise. Dans son ouvrage Ed. Ecclesia1n, connu aussi sous le titre Contra Avari tiaml il prône la remise d'aumônes à l'Eglise, conseillant même aux parents de lui laisser leur avoir aux dépens de leur progéniture car, allègue-t- il, mieux vaut la souffrance des enfants en ce monde que la damnation des parents dans l'autre (III, 4) ».

« On ne peut guère douter que si l'Eglise des Gaules édifia sa richesse avec une telle rapidité entre le $^{ème'}$ et le VIIIème siècle, ce fut grâce à ces legs venus d'un grand nombre de testateurs.
E. Lesne 1910 Histoire de la propriété ecclésiastique en France, Lille : « La doctrine de l'Eglise voyait d'un bon oeil l'aliénation, surtout de la part des individus sans héritiers et des femmes. Elle favorisait l'absence d'ayants droits en excluant les collatéraux, les fils adoptifs et autres bouche-trous successoraux. Plus question, comme au temps de Cicéron, de confier le culte familial à un héritier fictif.

Les oblations remettaient cette responsabilité à l'Eglise. Prendre en mains le culte des ancêtres, c'était aussi prendre en mains leur héritage. Dans la Gaule du Vème siècle,

L'expansion vigoureuse des biens ecclésiastiques est due à des legs offerts aux morts pour le repos de leur âme (Lesne 1910 : 14, 25-26). Faire une aumône c'est détruire le péché, et dans ce dessein, Salvien pousse à un don des mourants à l'Eglise car leurs biens n'étaient que des possessions temporaires. D'où ses vitupérations contre qui laisse sa fortune à des parents ou à des étrangers, sans souci de l'Eglise. « L'amour d'un père, fut-ce pour ses propres enfants, ne peut être plus grand que celui qu'il doit à son Seigneur qu'il lui faut donc laisser à Dieu la même part qu'à ses enfants ».
N'en a-t-il pas, il est inexcusable de laisser ses biens à d'autres, fut-ce à un fils adoptif»(Ad Eccles.,Ill,2).Thèse qui explique que l'Eglise ait si rapidement assemblé des biens en Gaule. De même que les évêques et les clercs, les laïcs sans enfants prenaient volontiers un saint pour légataire (Lesne 1910 : 161) Et non seulement ceux qui n'avaient pas d'enfants : d'autres aussi utilisaient les règles romaines d'exhérédation afin de laisser leurs richesses à un saint.
Les femmes,de leur côté, notamment les veuves et filles de rois, léguaient une part de leur dot à des établissements religieux ».
Goody écrit, page 108 (op.dt) : « L'ouvrage de Salvien, écrit au seuil de la période où l'Eglise se mit à édifier ses richesses en Gaule, soit du Vème au VIIIème siècle, est un texte capital sur le péché de la « fabrication » des héritiers.
Les stratégies successorales y sont condamnées comme moyen de circonvenir les souhaits divins, de négliger la possibilité de sauver son âme et d'encourager la « cupidité » des membres de la famille. Nous avons ici une déclaration sans ambages du conflit d'intérêts entre Eglise et parenté, entre préoccupations

spirituelles et familiales. Si la richesse devait être transmise entre parents, ilfallait que ce fût dans la famille étroite, élémentaire. Les héritiers fictifs, non « charnels », non « naturels » n'y avaient aucun droit ». Ce texte explique donc pourquoi l'adoption, si fréquente à Rome, et en tel accord avec le système contemporain de production (Goody op.dt. chap. 6) fut pratiquement abandonnée en Europe pendant les quinze cents années qui suivirent. Il propose aussi une raison à l'insistance de l'Eglise sur les liens de « sang », la «consanguinité ».

La parenté naturelle naît de l'union (copulation) entre homme et femme, c'est-à-dire d'un acte physique. Ce fut sur cet élément sexuel du mariage que se concentra peu à peu l'attention, de sorte qu'au début de Moyen Age « la consommation formelle faisait le mariage » (Hugues 1978 : 275-276) bien que le consentement fût égalementnécessaire.

« Mon opinion, écrit toujours Goody, est que le changement radical survenu dans l'idéologie du mariage à partir du IV' siècle eut des incidences mêlées en Europe occidentale. D'une part, les idées exprimées par Salvien furent riches en conséquences, non setùement parce qu'elles transformèrent l'Eglise en un temps relativement bref, en organisation détentrice de biens et d'énorme puissance, non setùement parce qu'elles changèrent la structure formelle de nombreux aspects de la parenté et du mariage, mais par l'influence qu'elles exercèrent sur la nature des liens entre les générations et sur la structure des rapports de propriété ...

Il est patent,c'est là le second point de ma thèse, écrit t'il, que la politique avouée de l'Eglise se heurta à des résistances et subit des modifications. La famille immédiate prenait sa part d'héritage en même temps qu'elle remetait a l'Zglise la portion qui lui revenait. Des dispenses permettaient de tourner les

contraintes sur le mariage entre proches.
Aux liens restreints de consanguinité s'ajoutaient d'autres attaches d'ordre spirituel (…)
Le changement des règles eut bien des pérsecussions .
Mais l'accumulation qu'il rendit possible matérialisait tout le passage de la secte à l'Eglise, la banalisation du charisme, l'adoption d'une orthodoxie , la disparition du millénarisme, désormais abandonné aux hérésires.
None contente de grossir ses avoirs et ses rentes par des donations et legs « de bon gré », par des taces et des loyers, l'Eglise recourait à un troisième privilège, la dîme, qui était,qui était levée essentiellement sur les ruraux.
A cette échelle un quasi-Etat autonome, capable en certaines circonstances d'assumer des fonctions gouvertenementales, et toujours rivale potentielle autant qu'alliée précieurse.

De telle richesses suscitèrent des envies. L'Eglise était une des proies les plus alléchantes pour les envahisseurs.
Les ravages étaient parfois considérables : ainsii en 574, le sac de Cahors, capitale du Quercy, par les Francs (…)
La « mainmorte » était des biens inaliénables , comme ceux des communautés religieuses. L'acquisition de biens par l'Eglise la mit en concurrence avec l'Etat sur deux plans.
En premier lieu , une institutionreligieuse prit figure depuissante force alternative en matière politique ou économique.
Deuxièmement, ele entraîna parfois une baisse sensible des revenus gouvernementaux.
Les terres d'Eglise bénéficiaient de certaines franchises fiscales-elle disposait donc de richesses à replacer (on dirait à réinvestir) en terrains dont elle pouvait offrir plus cher.

Dans le cas de la *libera eleemosyna* « franche aumône » des Cisterciens, forme de tenure spirituelle qui concédait à une communauté religieuse des terres exemptes de services féodal, toute obligation militaire envers l'Etat tombait. Quand une terre était transférée à l'usage de l'Eglise, les seigneurs féodaux y perdaient souvent leur droit de « relief », d'aubaine, de versement de mariage, de tutelle, etc…, du fait qu'il ne s'agissait pas de succession, ils ecouraient un déficit.

En conséquence, les revenues de l'Etat périclitaient, à moins d'accroissement des charges imposées à d'autres personnes. L'acquisition de terres par l'Eglise était donc une menace pour l'Etat , comme pour tous ceux qui cherchaient à garder ou se procurer des domaines par voie d'héritage ou d'achat. force fut donc aux autorités séculières de recourir à la resistance.

Dès la fin du IVème siècle,Chilpéric s'en plaignit.
En 811, Charlemagne élevait des objections morales et nationales. En Espagne des mesures furent prises pour endiguer le flot persistant d'aliénations.
Entrant en conflit avec l'Etat, les conciles de Leon (1020) et de Coyanza (1050) décrétèrent que ces dont étaient pérpétuels.
En riposte, en 1106, Alphonse III interdit toute donation , sauf Tolède. Ailleurs en Europe furent promulguées des lois analogues.
En 1232, Frédéric II exhuma dans son royaume Deux-Siciles , une loi oubliée qui interdisait toute aliénation de terre , par don ou vente, à des clercs ou des communautés ecclésiastiques.

Vers la même époque, des limitations d'ordre semblable sont formulées au Portugel, en Flandre, en France et , un peu plus tard, en Italie.
La loi saxonne qui prévalait dans l'Allemage du Nord-Est, accordait trente ans et un jour aux héritiers pour revendiquer des biens vendus a l'Eglise.

Toutefois, dans le sud et l'ouest, la liberté d'aliénation était totale, si bien qu'à la Réforme, à en croiire Henry Charles LEA (*1900, The Dead Hand : a brief sketch of the relations between Church and State, Philadephie)*, plus de la moitié des terres germaniques était aux mains du clergé.

En Angleterre une série d'édits fut adoptée pour contenir cette accumulation. Sous Henry VIII l'autorisation royale était désormais indispensable pour tout legs foncier à un orps constitué : L'Eglise dut s'interesser davantage aux tenures à bail et les dons pieux furent convertis en deniers ou en denrées de luxe. Si les donx fonciers étaient réglementés, les bâtiments du culte, etc… continuaient à être consacrés a l'Eglise.

W.S Holdsworth (*A History of English Law* Londres 1903-1909) fait observer « que la piété ou les peurs des mourants aient su tourner l'esprit de ces édits en fondant des messes pour le repos de leur âme nul n'en doutera », d'autant que la rédaction et l'homologation des testaments relevaient exclusivement des cours écclesiastique .

C'était souvent le prêtre qui cimposait le testament écrit (p.422) et dans le cas d'un acte nuncupatif (verbal) c'était lui que recueillait les ultimes paroles lors des derniers sacrements.

Si l'Eglise avait tant d'influence sur les mourants , elle le devait à son rôle de consolatrice des malades et de tutrice des affligés, rôle qui se renforça au fur et à mesure que l'agrandissement de ses possessions foncières augmentait les sommes qu'elle pouvait consacrer pour ces œuvres concrètes : édification de luex de culte, de maison de retraite ou d'études, sans compter les asiles, adaptation des besoins aux recoursses.

En Allemage , la question des rapports entre Eglise et Etat fut exposée à la diète impériale de Worms en 1521 qui donna le branle à la Réforme. Martin Luther rappela au souverain Charles Quint « les fardeaux et abus accablants imposés par le Saint Siège. Comment les biens séculiers passent au mains de l'Eglise ? Etant donné que les ordres spirituels, en conformité avec les instructions papales , ne peuvent d'aucune manère vendre ou transérer leurs biens-fonds et immobilier aux laïcs nous jugeons opportun que Sa Majesté Impériale Romaine édicte une loi similaire pour l'ordre séculier ecclésiastique, et que cette interdiction s'applique également à l'héritage. Au cas où une tell loi ne serait pas immédiatement déposéee,l'ordre séculier du Saint Empire Romain risque avec le temps de passer entièrement aux mains des clercs… et finalement dépendra dans sa totalité de l'Eglise ».

G.Strauss dans M anifestations of Discontent in Germany on the Eve of the Reformation f58 Bloomington, Indiana 1971), écrit page 62 :

« Des prêtres et moines rôdent autour d'un malade à l'article de la mort s'ils savent qu'il est riche en or ou en terre. Par des discours artificieux, ils cherchent à le persuader de leur laisser son avoir qui, dans la plupart des cas, devrait revenir aux héritiers, enfants ou proches. Bien entendu l'Eglise acquérait aussi des terres par achat, et bien des griefs se rapportent aux problèmes que posait sa recherche d'argent aux fins de placements fonciers ou d'entretien de ses biens. Ces sommes, elle se les procurait par les annates (redevances équivalentes à une année de revenu que payaient au Saint Siège ceux qui étaient pourvus d'un bénéfice dès le XIIème siècle).

Sous Boniface IX, elles devinrent un impôt régulier et général. La Pragmatique Sanction de Bourges en 1428 les repoussa. Le Concordat de Bologne entre François I et Léon XI rétablit le droit d'annates au profit du Pape (1516).

Elles furent abolies par !'Assemblé Constituante en 1789, ainsi que les redevances sur le pallium (bande de laine blanche garnie de croix et portée par le Pape et envoyée aux archevêques et évêques), les dispenses et absolutions papales, les indulgences, les amendes, le tribut réclamé aux artisans,etc.

Les protestations pleuvaient, soulignant le coût matériel des bénéfices spirituels conférés par l'Eglise : « Jour après jour (Sa Sainteté) invente de nouveaux procédés pour soutirer de l'argent à la nation germanique » (Strauss 1971 : p 56), « l'argent achète la tolérance du concubinage et de l'usure » (p 63), « les papes et les évêques se réservent certains pêchés et délits qu'ils sont seuls, selon eux, à pouvoir absoudre. Chaque fois que ce « cas » se produit et que l'absolution leur est demandée, ilse découvre qu'elle ne peut être accordée sans argent (p 56) ».

Après la Réforme, au moins dans les pays protestants, les biens personnels et familiaux ne furent que plus modestement aliénés à une organisation ecclésiastique plus simple et moins dépensière. Ce que l'Eglise ne prenait plus, pouvait désormais être orienté vers l'Etat et aussi vers la constitution d'entreprises demandeuses de capital ; la suppression des monastères fut d'une importance décisive dans le premier essor industriel de l'Angleterre entre 1540 et 1640 , (Nef). U The progress of technology and the deux sociétés ».

Puis, page 179 : « La place de la religion et ses rapports avec la société civile est un autre domaine où la Révolution a transformé l'ordre établi de façon irréversible. Dans l'ordre traditionnel, les régimes politiques avaient un fondement religieux. Marc Bloch a parlé, pour la France, d'une religion de

Reims, le sacre était le symbole de l'union entre société religieuse et société politique. Le roi n'était vraiment le roi qu'à partir du moment où le sacre, sorte de sacrement propre aux souverains, lui conférait une légitimité d'origine religieuse. C'est ainsi que l'expression « alliance de l'Eglise et de l'Etat » est une vue moderne projetée sur la réalité médiévale. Elle est impropre puisqu'elle postule l'existence de deux pouvoirs distincts, de deux sociétés différentes là où il n'y a qu'une même société, un même ordre défini par la symbiose entre le religieux et le politique. Telle est la situation, du moins dans son principe. Elle ne vaut pas seulement pour la France mais pour tous les Etats, qu'ils soient catholiques ou protestants ».

Si j'ai scrupuleusement recopié des extraits de livres que j'ai trouvés au cours de longues recherches en bibliothèque, c'est pour, d'une part, mieux rendre compte d'une situation qui montre l'Eglise sous son véritable aspect et, d'autre part, renforcer un constat :Elle n'est pas seulement représentative d'une religion, elle est puissance politique.

Les spoliations qu'elle a subies et la crainte qu'elle eut du communisme peuvent expliquer, mais j'y reviendrai, sa position au cours des années qui ont précédé et suivi la Deuxième Guerre mondiale.

L'église catholique, par son ambition et sa structure hiérarchique, a été présente dans la vie politique de l'Europe et l'a fortement influencée. Elle a été le ciment de la construction de la société occidentale, elle est plus qu'une religion, elle est un système qui régit l'Univers.

J'ai extrait des Actes du colloque Etat et Eglise dans la genèse de l'Etat Moderne, qui s'est tenu à Madrid le 30/11 et le 1/12/1984, les lignes qui suivent. Elles apportent des explications et des preuves complémentaires à notre argumentation.

Introduction par Jean-Philippe Genet (Paris l) :

« D'abord il faut bien poser ce qu'est l'Eglise : non seulement une institution complexe, avec ses structures, ses possessions, ses règles de fonctionnement, mais elle reste aussi la détentrice et la régulatrice du système de croyances qu'elle a fini par imposer à l'Europe occidentale. Elle est, au moins au début de la période qui nous occupe, aussi bien maîtresse des portes de l'au-delà que l'instance suprême de légitimation terrestre. Quand bien même il existe n sacré royal, c'est l'Eglise qui reste maîtresse du sacré.

A partir de quand et pourquoi, une coupure radicale s'est-elle imposée entre société laïque et société ecclésiale ? Nous devrons nous demander dansquellemesure cette séparation voulue par une Eglise essayant de se démarquer des structures féodales en adoptant un modèle de type monastique, a été une condition nécessaire à la genèse de l'Etat moderne.

Ensuite; l'une des caractéristiques les plus frappantes du Haut-Moyen-Age est le contrôle quasi- absolu de l'Eglise sur toutes les formes de culture savante, dans la mesure où le christianisme est religion du livre, ce qui implique pour l'écrit et l'accès à l'écrit un statut particulier. De fait les ecclésiastiques détiennent le monopole de l'accès au livre »

D'un autre intervenant, Jacques Verger, ENS Paris :Le transfert de modèles d'organisation de l'Eglise à l'Etat à la fin du Moyen-Age :

« Tout le monde sait que les rapports entre les Etats et l'Eglise, entendue ici comme société visible, hiérarchisée et exerçant sur ses membres un certain pouvoir de contrôle et de coercition, ont surtout été, à la fin du Moyen- Age, des rapports de concurrence et d'opposition. De Frédéric II à Louis XI en passant par

Philippe le Bel, Edouard III et bien d'autres, les empereurs, les rois de France, d'Angleterre n'ont cessé de lutter contre l'autonomie des clercs et les prétentions de la Papauté à intervenir dans tous les Etats de la Chrétienté au nom d'une autorité réputée suprême et universelle.

Tout au long du Moyen-Age, l'Eglise a développé un système complexe d'institutions qui lui a permis de réaliser, plus ou moins complètement, cet idéal d'encadrement du peuple chrétien qni était sa finalité terrestre. L'Eglise a offert le modèle d'une conception territoriale du pouvoir ce qui, soit dit en passant, me parait découler de cette part d'héritage antique dont elle était porteuse. Le pouvoir ecclésiastique s'exerçait sur les hommes non à travers le jeu des liens et droits personnels mais par celui d'un contrôle de l'espace, en insérant tous les fidèles dans un ensemble complexe de réseaux territoriaux qui assuraient la circulation de l'autorité.

Une hiérarchie de circonscriptions : provinces, diocèses, paroisses, ainsi que des échelons intermédiaires, archidiaconés et doyennés. C'était un système cohérent et homogène qui renvoyait à un ordre stable, fixé pour !'essentiel depuis des siècles et apparemment immuable.

Les limites des circonscriptions étaient bien définies et permettaient de préciser !'assiette territoriale des archidiaconés et des diocèses. C'était aussi un réseau de chefs-lieux stables, lieux de résidence, de culte, d'administration et souvent de sépulture.

Le chef-lieu de la paroisse était là où se trouvait l'église dotée de tous les droits paroissiaux, celui du diocèse était la cité épiscopale où s'élevaient à la fois la cathédrale, le cloître des chanoines et le palais de!'évêque. Quant à la Chrétienté, elle avait sa capitale, Rome ».

Voilà encore exposées la place qu'occupe l'Eglise dans l'Histoire de l'Europe, l'influence qu'elle y exerce, s a responsabilité, les buts qu'elle poursuit.

Lisons maintenant un extrait du discours de Monsieur Thiers, député de la Seine, prononcé au cours des débats *Sur la question romaine* les 13 et 15 avril 1865 et publié à Paris par Lheureux en 1865 : Page 42 : « Aucune société humaine n'est possible sans quelques idées morales fortement arrêtées. Ces idées reposent sur la notion nette et claire du bien et du mal, si ces idées ne sont pas profondément enracinées dans les âmes, toute société humaine est impossible.

Il faut que ces idées soient sur les esprits l'autorité de la vérité mais pour que ces idées aient cet empire leur faut une certaine origine. Si on ne les fait reposer que sur l'utilité sociale, le voisinage des intérêts humains peut les rendre suspectes.

À fois la cathédrale, le cloître des chanoines et le palais de l'évêque. Quant à la Chrétienté, elle avait sa capitale, Rome ».

Voilà encore exposées la place qu'occupe l'Eglise dans l'Histoire de l'Europe, l'influence qu'elle y exerce, sa responsabilité, les buts qu'elle poursuit.

Lisons maintenant un extrait du discours de Monsieur Thiers, député de la Seine, prononcé au cours des débats Sur la question romaine les 13 et 15 avril 1865 et publié à Paris par Lheureux en 1865 : Page 42 : « Aucune société humaine n'est possible sans quelques idées morales fortement arrêtées. Ces idées reposent sur la notion nette et claire du bien et du mal, si ces idées ne sont pas profondément enracinées dans les âmes, toute société humaine est impossible.

Il faut que ces idées soient sur les esprits l'autorité de la vérité mais pour que ces idées aient cet empire il leur faut une certaine origine. Si on ne les fait reposer que sur l'utilité sociale, le voisinage des intérêts humains peut les rendre suspectes.

Il en est tout autrement si les peuples sont convaincus que cet ordre admirable est la pensée et la volonté d'une intelligence supérieure.

S'il en est ainsi le bien nous apparaît comme une portion de cet ordre admirable. Ces nobles idées quiconque contribue à les inculquer dans les runes (philosophe, prêtre, ministre protestant, rabbin), le législateur doit les regarder comme ses coopérateurs les plus utiles.

De ce point de vue, tous les cultes sont égal. D'après ces doctrines aucun culte ne doit dominer les autres et aucun ne doit être dominé.

Ce jour-là est arrivé. Il n'en a pas été toujours ainsi. Pendant une longue suite de siècles l'Eglise catholique a dominé, possédé même la société européenne, et il y avait de cela, dans le passé, des raisons profondes.

Lorsque la vieille Rome tomba vaincue aux pieds des Barbares, l'Eglise romaine recueillit l'esprit humain comme un pauvre enfant. Elle le recueillit, le cacha dans ses asiles religieux dont notre siècle a tant aimé l'architecture mystérieuse et hardie. Là elle le nounit des lettres grecques et latines, lui enseigna tout ce qu'elle savait jusqu'au jour où cet enfant, devenu homme, s'est appelé Descartes, Bacon, Galilée. Ce qui arrive aux mères les plus tendres et les plus passionnées :

Elle voulut conserver sur l'enfant un empire prolongé. En effet l'Eglise alors possédait toute la société européenne.

Elle pouvait étendre sa main sur la tête des rois, et au nom de la morale, (de sa morale), quelques fois leur contester leur couronne. Elle n'admettait qu'un culte, le sien.

Elle tenait les registres d'Etat civil et c'est elle qui constatait les grands événements de la vie civile, la naissance, le mariage, la mort. Elle seule enseignait ; elle commandait même à la Science.

Enfin elle était un ordre dans l'Etat. Elle avait de grands biens, elle ne payait pas d'impôts, elle ne subissait que ses propres lois. Messieurs, cet ordre de chose a cessé, et devait cesser en effet. Ce sont nos grands jurisconsultes, nos grands évêques et l'Université qui ont commencé cet affranchissement, c'est la Révolution française qui a eu l'honneur de l'achever.

Nos grands jurisconsultes et nos évêques ont dit que les Rois étaient indépendants de l'autorité religieuse.

La Révolution lui a retiré l'Etat civil, a dit que le droit d'enseigner appartiendrait à tous les citoyens et que l'Eglise n'en conserverait que ce que lui attribuaient les familles. La Révolution a déclaré que la science serait libre, elle a établi que les cultes seraient égaux et qu'ils ne posséderaient pas de biens, que leurs ministres seraient tous salariés.

A partir de ce jour tous les cultes ont été égaux, le sceptre n'a plus été dans les mains d'un culte particulier.

Est-ce que l'Eglise aujourd'hui regretterait de ne plus pouvoir étendre sa main sur les couronnes ?

Regretterait-elle l'éducation ?

Que regretterait donc l'Eglise ?

Oh sans doute elle n'a plus ces prélats magnifiques qui étaient autrefois les délices de la Cour, mais elle a des prélats respectables. Elle a perdu quelques privilèges mais elle a acquis la force du droit ».

Voilà qui résume bien tout ce que l'Eglise a perdu du fait de la Révolution puis de l'instauration de la République (« la Gueuse ») et qui préfigure ce qui, en partie, animera le régime de Vichy en 1940 :l'esprit de revanche.

La Révolution a été un conflit plus étendu dans!'espace et dans le temps qu'on ne le représente communément et le débat envenimé de ressentiments explicables ne cesse de se prolonger et de se ranimer.

C'est à André Latreil!e, dans L'Eglise catholique et la Révolution française (Paris : Edition du Cerf, 1970), que je fais appel pour montrer ce qu'était cette situation :

« Un tableau de l'Eglise catholique, telle qu'on peut la découvrir de Rome à la veil!e de 1789, doit commencer par la France. Non seulement la France, historiquement la fille aînée de l'Eglise, reste le plus ·grand pays catholique par sa population et par ses vocations missionnaires, mais elle exerce une prééminence intellectuelle et spirituelle incontestée dans le monde.

Aucune fraction de la catholicité n'offre apparemment un spectacle plus imposant que l'Eglise gallicane. L'Eglise implantée dans les Gaules dès le IIème siècle a été intimement associée à la formation de l'unité matérielle, morale et politique du pays ; aussi est-elle incorporée au vieil édifice façonné par les Capétiens et les Bourbons.

Ce qui frappe d'abord le voyageur c'est son omniprésence. En toute ville, que ce soit la première du royaume ou la plus modeste capitale provinciale, le foisonnement des clochers annonce le nombre et l'étendue des monuments et des institutions ecclésiastiques. Tréguier, ville épiscopale, possède presque autant de couvents et de séminaires que de maisons particulières ;Gray a pour 4.000 habitants 14 églises appartenant tant à des séculiers qu'à des réguliers ; Paris compte au-delà de cinquante paroisses, c'est-à-dire, par rapport à sa population de 600.000 âmes, une proportion quatre fois supérieure à celle de 1900 : quant aux couvents, ils occupent environ le quart de la superficie de la ville.

Pour les campagnes, la communauté rurale est définie par la paroisse. Partout des abbayes, dont les unes ont été le noyau d'établissements humains qui n'existent que par elles, dont d'autres comme les Chartreuses, vivent encore dans la solitude de pays reculés qu'elles sont seules à animer.
L'étendue de la propriété ecclésiastique est objet de discussions. Dire qu'elle représentait entre 6 et 10 % du territoire ne suffirait pas à en donner une idée concrète :au sud de la Loire et dans l'Ouest on était bien au-dessous de cette proportion (4 % dans le Toulousain, 3,5 % en Auvergne ou dans le pays de Rennes), mais elle augmentait prodigieusement dans le Nord pour s'élever à 20 % en Picardie et, exceptionnellement, aux deux tiers de la superficie dans le Cambrésis.

On dénombre malaisément le personnel ecclésiastique. Pour les réguliers, 20.000 à 25.000 religieux dans 2.500 couvents, à peine 10 en moyenne par maison, le plus souvent moins : à Auxerre, 3 au couvent de Saint Eusèbe, un aux Augustins. Les religieuses défient les statistiques : peut-être 40.000. Les séculiers comprennent un chiffre beaucoup plus élevé que de nos jours de dignitaires et de prébendiers.
Au total, il y a sans doute 130.000 personnes des deux sexes engagés dans des lieux sacrés. Mais à l'ordre ecclésiastique se rattachent les membres des confréries, tout un personnel d'officiers du bas-chœur : sacristains, choristes et des hommes d'affaires ou procureurs agissant pour les évêques là où ceux-ci sont encore seigneurs temporels.

Le statut juridique sous lequel vit l'Eglise gallicane a été fixé par le Concordat de 1516, entre François Ier et le pape Léon X.
La religion catholique, apostolique et romaine est religion d'Etat. En droit, un Français ne saurait professer une autre religion, et si, depuis Henri IV, les rois ont concédé à leurs sujets protestants une certaine liberté de conscience, ce n'a jamais été celle qui reconnaîtrait des droits égaux à toutes les croyances, mais seulement une tolérance civile assurant à toutes les personnes une protection égale.
Jusqu'en 1787 les protestants ont été obligés, pour se marier, de comparaître devant le curé de la paroisse sous peine d'être privés d'état civil, de voir leur union réputée illégitime. Un édit royal permet aux non- catholiques de contracter mariage devant le juge du lieu, et ordonne l'établissement de registres d'état civil confiés à des officiers royaux.

Le prince régnant Louis XVI n'est pas seulement le Très Chrétien parce qu'il a reçu l'onction du sacre, il a prêté serment de protéger la religion. Sa piété personnelle, la régularité de ses mœurs sont notoires. Elles lui inspirent une véritable aversion pour l'incrédulité contre laquelle le haut clergé réclame sans cesse l'aide du pouvoir civil. D'autres liens d'intérêt unissent l'un à l'autre depuis longtemps.

L'objet du Concordat avait été de régler l'épineuse question des nominations aux fonctions ecclésiastiques.
Dans une société où spirituel et temporel sont in timement mêlés, le clerc à la direction d'un diocèse, le moine à la tête d'une abbaye doivent jouir d'une part de pouvoirs spirituels définis, d'autre part des revenus) terres ou rentes, assignés à leur office, d'une fraction de la puissance publique. Aussi pape et rois se disputent-ils le droit de les investir de leur autorité. Depuis 1516, il est convenu qu'en France le roi désigne la

personne à laquelle il entend que soit remis le bénéfice, et le Pape en confère ensuite l'institution. Le Roi s'est assuré la soumission et l'obéissance des prélats ou laïques par le désir qu'ils ont d'acquérir des bénéfices.
La France du XVIIIème siècle est un pays où l'Eglise anciennement enracinée, très forte par son ascendant moral, influente socialement et politiquement se voit menacée par la montée de l'irréligion.
Rappelons le rôle que l'Eglise joue dans toute la vie individuelle et sociale des Français.

Elle prend l'homme au berceau, puisque c'est la mention de son baptême sur les registres paroissiaux qui constitue son acte de naissance ; elle enregistrera toutes les grandes dates de sa vie. Presque toute l'assistance publique est assurée par elle : hospitalisation des pauvres, secours aux malades, aux infirmes, aux enfants, aux vieillards. Ce sont les religieux qui constituent l'armature hospitalière.
Troisième grand service public relevant de l'Eglise : l'enseignement. Là, aucune part de l'Etat. C'est le clergé qui veille à l'établissement d'écoles, provoque l'effort des pères de famille et participe à l'organisation de l'enseignement populaire. Lui surtout qui fournit le personnel enseignant, l'éducation des filles en particulier étant entièrement aux mains des congrégations. Partout le choix des maîtres, la surveillance de l'enseignement appartiennent aux curés et aux vicaires, et c'est un principe professé par l'Etat que la religion catholique, apostolique et romaine est la base de toute instruction.

Au-delà d'ailleurs de cette tâche d'initiation aux mystères chrétiens et aux connaissances humaines, le clergé assume un rôle de formation de la conscience civique et sociale, que le consentement universel lui reconnaît.

Les ministres font appel aux curés pour lire en chaire les ordonnances royales, les circulaires et tous avis auxquels ilest nécessaire de donner une publicité et dont il importe de faire connaître le contenu et ceux- ci se prêtent à la collaboration qui leur est demandée à la fois parce qu'elle est un hommage à leur autorité et parce qu'ils ont conscience du « devoir impérieux et sacré que leur ministère leur impose de prêcher et d'inspirer aux peuples qui leur sont confiés l'obéissance et la fidélité qu'ils doivent à leurs légitimes souverains.

On ne peut terminer de regarder la place de l'Eglise dans la France de la fin du XVIIIème siècle sans examiner son énorme richesse. Terres et domaines forestiers, immeubles, rentes et redevances de toutes sortes, produits d'un impôt ecclésiastique - la dime - qui est mal équilibré et pesant, argenterie et pièces d'orfèvrerie vouées à !'ornement des églises, tout cela constitue un amas de biens, diversement évalué, sans cesse en voie d'accroissement, et jamais rendu par aliénation à la circulation générale.

Le corps du clergé possède ce privilège exceptionnel de gérer sa fortune et de consentir la portion des charges dont il se reconnaît débiteur vis-à-vis de l'Etat. La pesanteur de cette influence, si elle était supportée par une majorité d'individus sans ressources intellectuelles personnelles, devenait de moins en moins tolérable pour une minorité pensante. Le fléchissement du zèle religieu « les privilèges exorbitants d'une partie du clergé, la philosophie des Lumières, cette crise de conscience qui traversait les chrétiens de la fin du 18' siècle en quête d'une liberté de conscience sont sans doute les causes profondes d'un soulèvement qui devint explosion.

C'est sans doute parce que la France était le centre de ce mouvement que c'est en France que se déclencha le mouvement.

Comment donc évaluer les pertes de l'Eglise qui étaient immenses ?
Les établissements ecclésiastiques avaient perdu des archives, des monuments étaient aliénés, des bibliothèques mutilées. Atteints dans leurs intérêts et dans des souvenirs très chers, les gens d'Eglise connaissaient les entraves que les soucis matériels mettent à l'activité apostolique.
Il fallait reconstituer les moyens de la vie paroissiale ou conventuelle, les œuvres, les séminaires.

Beaucoup se résignai en un mal dénuement. Soit avidité, soit ressentiment, soit scrupule de conscience désintéressé mais inflexible sur le devoir de restitution, ils se montraient en pratique peu fidèles à l'esprit où à la lettre des concordats. En France la question de la liberté des ventes, celle même de l'obligation de la dîme reparaissant avec assez d'acuité pour hanter la paysannerie et une partie de la bourgeoisie. Elles devaient empoisonner leurs rapports avec l'Eglise, non seulement jusqu'à la tentative de réglementation de 1827, mais bien au- delà, parfois jusqu'à la Troisième République.
Moralement, le recul de l'influence sociale de l'Eglise frappait presque autant que sa ruine.
La période médiévale était close : le clergé perdait sa position privilégiée, l'exemption des juridictions civiles, le contrôle des livres et de la pensée, l'Inquisition.

Les pactes entre Rome et les puissances temporelles délimitent désormais un domaine de Dieu et un domaine de César en réduisant singulièrement le premier qui autrefois était universel. Cette affirmation des droits de l'Etat autonome, cette limitation des interventions de l'Eglise et des privilèges du clergé, ilfaudra longtemps pour que les intéressés l'admettent.

Il était impossible que les hommes de la Restauration renoncent à ce qu'ils avaient connu et tenaient pour conforme à la dignité de la véritable religion. Ils le réclamaient au nom des droits de Dieu.

A ces pertes d'influence s'en ajoutait une autre : la crise révolutionnaire a, à deux reprises, interrompu les relations entre le centre et les extrémités de la catholicité. Le continent devenu français était bloqué par la marine anglaise et l'Eglise se trouva hors d'état d'expédier des prêtres, voire même de recevoir des informations sur les pays de mission ».

D'autres pays subissaient sans rébellion aucune un joug aussi pesant et l'Espagne attendit le milieu du $XX^{\text{ème}}$ siècle pour commencer de s'en libérer car « l'Eglise a, en Espagne, une situation exceptionnelle et prépondérante, non par habitude ou tradition seulement, mais parce que dans le clergé réside le principe vital de la nation » (Desdevises du Dézert, citation tiréé de L'Eglise en 1789. Edition Latreille).

« Pour en avoir une idée, il faut décrire à la fois l'Eglise dans la métropole et l'Eglise des Indes (Amériques découvertes par Colomb). Dans la péninsule, 108 archevêchés et 52 évêchés encadrent un personnel ecclésiastique considérable, environ 70.000 séculiers et autant de réguliers, chiffre bien supérieur à celui de la France, et pour une population de 10 millions d'âmes seulement. Villes et bourgades sont couvertes d'édifices religieux au service desquels se presse un peuple de desservants et d'employés, et qui étincellent de magnificences dans la pauvreté générale : Valladolid (21.000 habitants) enferme 14 église paroissiales, des chapelles innombrables, 46 monastères, 1.258 moines ou nonnes.

L'Eglise est le centre de la vie : on y vient pour des offices multipliés, longs, mais l'on se sent à l'aise avec Dieu et avec ses saints, on célèbre, là ou en sortant de là, les fêtes liturgiques, locales ou nationales qui comportent procession, cavalcade, tirage d'une loterie ou course de taureaux, c'est de là que vient tout ce que l'homme du peuple a de culture.

Ce qui frappe l'étranger et semble le trait distinctif du pays, c'est le pullulement des moines, la manière dont ils sont mêlés à la masse, le prestige qu'ils exercent sur elle.

Mendiants pour la plupart, répandant les aumônes, ils incarnent le renoncement et parlent à la misère sa langue. Tous ne sont pas exemplaires, il s'en faut, mais ce qui compte, au". { yeux des Espagnols, c'est l'intégrité de la foi, et la leur est ardente, fanatique ; c'est le caractère indigène et personne n'est plus pénétré d'esprit national. Comme ils encouragent la paresse par la charité mal entendue, ils tolèrent la superstition qui subsiste dans des proportions inouïes. Malheureusement, il manque au clergé aussi bien qu'à la société espagnole une classe moyenne. Il n'a pas et ne se soucie pas d'avoir ces prêtres laborieux, savants, éclairés qui donnent une armature morale et intellectuelle au monde ecclésiastique français.

On passe tout de suite, ou par l'intermédiaire de chanoines qui sont des prébendiers assoupis du clergé de second ordre, aux évêques, aux archevêques richement dotés (le siège de Tolède jouit d'un revenu de 85.000 ducats). Ceux-ci sortent souvent d'une extraction médiocre : l'épiscopat n'a pas la physionomie aristocratique du nôtre, il n'en a pas non plus la mondanité, ni, en dépit de sa puissance temporelle, l'indépendance et la hauteur de caractère. Sauf exceptions, l'évêque de Siguezza, don Juan Diaz de la Guerra par exemple, le haut clergé manifeste la plus grande méfiance à l'égard des idées nouvelles et de toute activité libre de l'esprit.

En pourrait-il aller autrement au pays de l'Inquisition ? Depuis près de trois siècles, le redoutable tribunal, établi par les Rois, gardien de la pureté de la race et de la foi, remplit sa double mission. Il traque les Maures et les mâtinés de sang sémite : aucun juif ne peut résider en Espagne sans sa permission. Il a tendu aux frontières un cordon sanitaire rigoureux, surtout du côté de la France, d'où vient la peste des livres. Son autorité le rend redoutable à la Couronne même.

Et il a fini par façonner l'opinion dont le sentiment en faveur de l'unité de foi tel que tout suspect d'hétérodoxie encourt les suspicions, voire les rigueurs de la consciencepopulaire. Seul Charles III au nom d'un régalisme très conscient, tenta et réussit en partie à amoindrir le formidable pouvoir menaçant pour l'autorité souveraine et à mettre la main sur une partie des richesses pour remplir les caisses de l'Etat.

Il décida que la publication des brefs et bulles apostoliques serait soumise à l'autorisation du prince dans son Conseil.
Il interdit à l'Inquisition de recevoir sans ce visa préalable, les décisions de Rome.
Enfin il s'en prit aux Jésuites : en 1767 un décret les bannissait. L'influence qu'ils exerçaient à la Cour, la place excessive qu'ils tenaient dans l'enseignement, l'étendue des biens qu'ils possédaient, enfin la puissance des missions du Paraguay qui constituaient un empire dans l'empire, tout cela suscitait le ressentiment ou la convoitise du gouvernement civil».

A la lecture de cette description d'une situation qui a perduré jusqu'à la proclamation de la République espagnole, comment ne pas faire le parallèle entre l'explosion et les massacres du clergé lors de la Révolution en France et celle qui a prévalu lors de la guerre civile espagnole ?

Les mêmes causes produisent sans doute les mêmes effets : l'explosion est d'autant plus forte que l'oppression a été plus pesante. Je crois avoir donné une idée de ce que pouvait être la situation des individus dans ce contexte et donc de l'impossibilité qu'ils avaient, ou les difficultés qu'ils pouvaient rencontrer, s'ils voulaient s'affranchir de cette tutelle intellectuelle, morale et politique.

« L'Europe centrale était approximativement placée dans la même situation et dans l'empire autrichien, conglomérat de peuples ayant chacun leur langue et leur tradition religieuse, où les Juifs étaient isolés et avilis, les Habsbourg demandaient au catholicisme un principe d'unité et un moyen de gouvernement. L'Eglise y possédait d'immenses propriétés, environ les trois huitièmes du territoire et comptait, entre autres, 65.000 réguliers groupés en plus de 2.000 monastères et jouissait d'une situation privilégiée : seule religion autorisée, elle contrôlait toutes les manifestations de vie spirituelle par la censure des livres et des moeurs.

Au terme de quarante ans de règne, Marie- Thérèse disait « qu'aucun Etat ne peut se passer d'une bonne religion » et elle écrivit à son fils :

« Qu'est ce qui peut exister sans une religion dominante ? La tolérance et l'indifférence sont précisément les plus sûrs moyens de détruire l'ordre établi. Qu'y a-t-il d'autre pour briser les mauvais instincts ? Rien, pas plus les galères que la roue. Je te parle en politicienne et non pas en chrétienne.

Rien n'est aussi nécessaire et bienfaisant que la religion. Voudras-tu permettre à quiconque d'agir suivant sa fantaisie ? S'il n'y avait pas de religion d'Etat et de soumission à l'Eglise, où irions-nous ? « (Extrait *de L'Eglise et la Révolution*, édition Latreille).

Cette déclaration faite par une souveraine et qui, dit- elle, parle en politicienne, ne pourrait-elle pas être reprise et attachée à tous les politiciens et dirigeants de par le monde, de tous les temps, et sous toutes les latitudes ?

J ai montré comment une « secte » était devenue religion d'Etat et comment, siècle après siècle, elle avait étendu son influence dans la vie quotidienne des habitants de l'Occident et pesé sur la vie politique.

Cette suprématie conquise, illui fallait la défendre contre des menaces diverses venues de son sein d'une part, et d'autre part d'autres religions et d'autres idéaux. Elle triompha de sa rivale, la religion juive, mais elle eut des difficultés à contenir l'avancée de l'Islam, la France est parvenue à réduire son influence et le Communisme faillit l'emporter.

Comment lutta-t-elle contre la « menace » juive et comment se servit-elle de cette menace comme moyen d'oppression ?

C'est ce qu'Anne Marie Pontis montre pour la Russie dans une thèse de doctorat d'Etat, Antisémitisme et Sexualité, dont le titre, ambigu et provocateur, m'intrigua grandement.

Cette thèse, obtenue en 1994 à l'Université de Nanterre (Paris X) fait suite à une étude préliminaire, L'Antisémitisme en Russie (PUF, 1982).

Anne Marie Pontis est chrétienne, née catholique, descendante de protestants normands. Sa foi lui est vitale. Son propos n'est pas, effectuant cette recherche, d'attaquer la foi chrétienne, mais de faire ressortir combien des hommes; au cours des siècles, ont sali cette belle religion.

Les mots catholiques, orthodoxe, catholicisant sont employés au lieu de « chrétien » pour ne pas souiller ce mot.A partir de l'exemple russe et au 19ème siècle, l'auteur cherche à montrer comment les « catholicisants » ont étendu leur influence et donc leur pouvoir sur un peuple, un territoire.

« D'abord en Russie au 19ème siècle », écrit-elle, « on n'était pas russe si l'on n'était pas orthodoxe. La société russe a été pétrie dans un moule catholique (devenu orthodoxe au IIème siècle). Avec le catholicisme, pénétra en Russie une intolérance religieuse absolue, inconnue jusqu'alors : nul n'eut plus le droit d'y pratiquer une autre religion que celle venue de Byzance. »

Si les deux religions se séparèrent par suite de dissensions théologiques, elles conservèrent l'une et l'autre l'attitude initiale catholique :envers les juifs en particulier envers les autres en général. Ceci eut d'autant plus de conséquences que les dirigeants de ces religions s'emparèrent progressivement du pouvoir politique de toutes les nations d'Europe puis conquirent au cours des siècles la plus grande partie des pays de la terre.

Construction du Catholicisme :

Dans les régions conquises par l'Etat romain, se trouva la nation hébraïque qui résista plus que d'autres à ces envahisseurs.
La religion chrétienne était née dans ces régions aux environs du début de notre ère. Devenus citoyens romains, circulant librement dans l'Empire, des Hébreux, aidés d'autres citoyens, y diffusèrent cette dernière religion.
Le christianisme s'y propagea très rapidement. Au 2ème siècle de notre ère, le christianisme et le judaïsme, religions hébraïques, furent accaparés par des Romains qui, à l'aide des deux cultes, bâtirent le Catholicisme. Les constructeurs âu Catholicisme relièrent le Christianisme au Judaïsme en déclarant et en écrivant dans leurs textes sacrés (en cours de rédaction à l'époque) que les Hébreux pratiquants du Judaïsme avaient tué le Dieu âes Chrétiens au cours de l'occupation romaine de la nation hébraïque. Les dirigeants du Catholicisme qualifièrent de «

déicides » tous les pratiquants du Judaïsme.

Ils firent partir cette accusation du temps de l'occupation romaine du pays hébreu. Ils écrivirent dans leurs textes sacrés, remaniés plusieurs fois que le peuple hébreu entier s'était rendu coupable de ce crime et qu'il avait reconnu devoir en être puni ainsi que ses descendants.

Depuis le 2ème siècle de notre ère, ils se firent justiciers de leur Dieu et punirent les descendants du peuple hébreu à jamais à chaque génération, à moins que ces gens ne se convertissent au Catholicisme.

Dans ce cas, ils ne seraient plus considérés comme des « déicides ». A partir de la fondation de cette religion, ces principes de base du Catholicisme servirent d'explication aux persécutions entreprises par les auteurs de ce monde religieux contre les pratiquants du Judaïsme tombés sous leur pouvoir.

Les auteùrs du Catholicisme ne considérèrent pas de la même façon le Judaïsme pratiqué avant l'envahissement romain de la nation hébraïque et la même religion pratiquée après cet « événement ».

Ils exaltèrent et magnifièrent cette croyance et son accomplissement dans sa période antérieure à Yaventure hébraïque rornaine1 et àiscréàilèrenl au maximum le dévouement à cette spiritualité perpétuée après cette invasion. Chargeant de gloire la partie du passé de cette religion antérieure à cette époque; les fondateurs du Catholicisme s'approprièrent cette gloire :ils déclarèrent être les héritiers spirituels évolués de ce passé qu'ils célébraient. Puis ils déconsidérèrent de toutes façons la pratique du Judaïsme postérieure à la conquête romaine de la nation hébraïque.

De leur point de vue le passé antérieur à !'envahissement romain du pays hébreu peut être appelé « passé glorieux », la vie du

peuple hébreu postérieure à cet événement peut être appelée
« présent honteux ».

Dans leur construction métaphysique, ils assignèrent ainsi deux
rôles à la même religion: celui d'être leur « Père » (au sens
spirituel du mot), dans une phase de sa vie, celui d'être leur
Diable dans une autre partie de son existence.

Mais cette situation était temporaire, avaient établi les dirigeants
du Catholicisme. Il ne tenait qu'aux Judaïques de sortir de leur
prison. Il leur suffisait de se convertir au Catholicisme.

Cette situation se terminerait lorsque tous les Judaîques se
seraient convertis.

D'autres religions se développèrent à partir du Catholicisme
:l'Orthodoxie, la religion arménienne, la religion uniate, le
Luthéranisme, le Calvinisme, faisant toutes profession de foi de
Christianisme.

Si elles diffèrent sur certains points du Catholicisme, elles
conservèrent toutes un point commun : l'attilude catholique
envers le judaïsme et ses pratiquants.

Envisagées de ce point de vue, toutes ces religions et le
Catholicisme peuvent être réunis en un tout appelé « religions
catholicisantes ».

Les dirigeants du Catholicisme ne convertirent jamais de force
tous les Israélites comme ils le firent de tous les groupes
dépendant d'eu,"politiquement : conversion forcée des Indiens
par exemple.

L'histoire révéla leur volonté absolue de conserver desJudaïques.

Cette volonté cachée se démasqua au 19' siècle lorsque se
propagea d'une part l'athéisme, et lorsque d'autre part, se réalisa
la tentative judaïque d'échapper aux persécutions par la création
de l'Etat- refuge d'Israël.

Alors le spectre se dessina de la disparition des Israélites dans les domaines catholicisants, ceux-ci devenant athées en grand nombre ou partant en petit nombre en Israël.

Devant ce danger, des catholicisants scientifiques inventèrent des barrières, cette fois officiellement « infranchissables », selon lesquelles les Juifs faisaient partie d'une race éternelle, la « race sémite » présentant des caractéristiques physiques et psychologiques immuables, tous ces traits étant pour ces scientifiques l'image éternelle du « diable » de leurs religions. L'Histoire sur ce sujet se répéta toujours : par des massacres épisodiques, les dirigeants catholicisants réduisirent le nombre de leurs sujets judaïques et, en même temps, s'opposèrent toujours, par tous les moyens, à la disparition totale de ces sujets.

A partir du 19ème siècle, selon les savants catholicisants, les juifs ne furent plus seulement des pratiquants du Judaïsme, mais aussi des descendants de pratiquants de cette religion, que ceux-ci soient ou non devenus athées ou convertis aux religions catholicisantes ou à d autres religions ». La notion de « juif « devint floue.

L'essentiel pour ces religions fut que des humains jouent le rôle de déicides ou de coupables quoi qu'ils fassent, dans l'univers catholicisant. Ils étaient et devaient rester « des boucs émissaires ». Ils étaient'et devaient rester la preuve de la réalité de la justice divine : déicides ils étaient punis tout au long des temps. »
Cet extrait de thèse ne démontre-t-il pas l'utilisation de la religion comme moyen de gouvernement en divisant arbitrairement pour mieux régner ?

J'extrais maintenant quelques citations du livre de François Furet le Passé d'une illusion (Robert Laffont) qui vont dans le même sens : « La question du pouvoir est posée en Allemagne d'une part, en Russie d'autre part. En Allemagne comme en Russie, c'est le règne du parti unique sur l'Etat.

Les deux idéologies ne doivent pas être jugées comme desphilosophies.

Ce sont des instruments d'action, des forces historiques, orientées vers le même but, qui dévoile leur sens : le pouvoir politique absolu du parti, régnant sur un peuple uni, grand secret des sociétés du XX^{ème}siècle (...) »

Avec la race, le nationalisme s'enveloppe dans la science, le plus grand substitut religieux du 19' siècle. Et ilen reçoit aussi une force d'exclusion que la seule idée de supériorité nationale ne comporte pas : si les peuples sont séparés par des différences raciales, et si la race germanique est appelée à dominer le monde, il n'existe plus qu'un peuple de vainqueurs et des peuples désespérés.

Les Etats, et même l'Etat allemand, ne sont plus que des apparences juridiques provisoires, ballottés au hasard du conflit des peuples-races. A preuve les Juifs.

Ils constituent par excellence, dans le regard de l'antisémite, ce peuple sans Etat, errant depuis deux mille ans hors de son territoire, et pourtant intact au milieu des Gentils, resté plus que jamais lui-même hors de chez lui.

S'ils sont solidaires, si habiles à tisser leurs intrigues de profit et de domination dans les différentes nations où ils campent, c'est qu'ils tirent ce génie cosmopolite de leur extraordinaire cohésion ethnique ou raciale. De là leur mensonge et leur perversité : car ils masquent sous l'universalité abstraite de l'argent et des droits de l'homme la volonté de puissance d'une race que rien n'a pu briser.

Ils veulent empêcher leurs victimes de percer le secret de leur force en se cachant sous le masque de la démocratie. Ainsi apportent-ils malgré eux la preuve vivante de l'idée de race, en même temps qu'ils confirment l'obligation positive pour les peuples qu'ils trompent de se réapproprier cette idée à leurs dépens.

La première séduction de cet antisémitisme est de prendre le relais de la tradition séculaire qui, dans toute l'Europe chrétienne, a retourné contre les Juifs l'idée juive de l'élection. Du peuple choisi par Dieu, l'Eglise catholique a fait le peuple maudit par Dieu, en inversant le sens de sa particularité. Dans le peuple errant émancipé par la démocratie, les nations modernes voient encore l'adversaire caché; mais formidable, de leurs identités.

Le Juif conserve son étrangeté maudite dans l'univers où l'histoire a remplacé la divinité. Son élection dans l'ordre du malheur n'a pas cessé avec l'avènement de l'égalité citoyenne et le confinement du religieux au for privé des individus. Elle en reçoit au contraire une nouvelle force, comme d'un redoublement de haine où les nations chrétiennes de l'Europe retrouvent des sentiments familiers.

Mais ce qui donne à l'antisémitisme moderne son véritable caractère reste son insertion et son rôle dans les passions nouvelles de la démocratie.

La Cité moderne, détachée de tout fondement divin, est construite sur la volonté de ses membres. Elle n'a de légitimité que par leur consentement public. Mais, du même coup, elle ne cesse de s'interroger sur ce qu'elle veut, et même sur la possibilité d'extraire une volonté collective d'une multitude d'individus séparés. Ses citoyens ne croient plus qu'en l'action historique, au moment même où ils sont incertains
sur les moyens qui leur restent d'agir ensemble, comme un seul homme.

L'idée de nation conjure cette angoisse, en suggérant cette unité idée ancienne, redéployée dans le contexte moderne : elle a cessé d'être simplement donnée par la tradition, comme un legs du passé. Elle aussi est tissée de volonté comme le veut le credo démocratique. Volontés positives, celles de tous les patriotes, et bientôt du peuple entier. Mais aussi volontés négatives, maléfiques étrangères, et c'est à ce point qu'intervient le complot juif.

Pourquoi complot ?

Parce que, si toute action politique est délibérément voulue, celle-là, qui vise à saper l'unité de la nation, doit être aussi, par définition, cachée :autrement elle ne posséderait pas cette capacité à tromper, au moins un temps, une grande partie de l'opinion.

C'est son caractère clandestin qui explique son efficacité et sa puissance.

La Révolution française a illustré l'emprise de cette . représentation du complot, comme antagoniste de la volonté du peuple, sur les imaginations démocratiques. L'antisémitisme moderne en offre une version renouvelée, en substituant les Juifs aux « aristocrates ».

Pourquoi les Juifs ?

Ils forment un contre-modèle sur mesure à la passion nationaliste : peuple errant, éparpillé, sans Etat (à cette époque) et pourtant resté debout autour de sa religion et de ses traditions, conservant un peu partout, à doses variables, quelque chose d'une identité, offrant par conséquent la matière idéale à la rationalisation d'un complot à !'échelle du monde. Après avoir incarné l'ennemi du Dieu chrétien, le Juif présente à l'antisémite des temps démocratiques le matériau imaginaire d'une autre image-repoussoir : l'ennemi de la nation.

Il suffit de le considérer, même dégagé de la religion qui l'a confiné au ghetto, même « émancipé » par l'égalité citoyenne, comme resté étranger dans toutes les nations où il vit. D'ailleurs, cette intégration même, en le rendant moins visible [un comploteur se cache, n'est-il pas vrai ?
Il'a rendu plus suspect, sa particularité éclatante aux temps chrétiens, est désormais cachée.
Le Juif n'a plus d'autre attache au monde que l'argent, et d'autre identité que cette équivalence abstraite avec tous, dont il fait son déguisement et son drapeau.
Il est le bourgeois pur, dégagé de sa gangue, séparé de son sol, le bourgeois ramené à son essence, qui a soif d'être riche.
Après avoir été persécuté par les nations chrétiennes pour sa particularité, il est haï par les peuples modernes comme un être de nulle part.
Au vrai les deux accusations cumulent leurs effets puisque, dans les deux cas, il est en dehors de la collectivité. Et la seconde, qui s'installe dans les traces de la première, peut n'être pas moins globale qu'elle, en dépit du pluralisme des opinions : car le bourgeois n'est pas moins détesté à gauche qu'à droite. »

Combien de fois n'avons-nous pas ressenti, nous Juifs, l'attitude ambiguë des autres vis-à-vis de nous- mêmes, et n'avons-nous pas été contraints d'adopter des attitudes, des pensées, de nous montrer comme les autres, alors que nous ne l'étions pas ? Soit dans notre façon d'exister, soit dans notre attitude vis-à-vis de certaines coutumes que, quelque fois nous avons adoptées malgré nous (rappelons-nous l'amour du folklore pendant la guerre, l'amour de la terre et de la paysannerie).

A cet égard, il n'y a pas de hasard à ce que l'antisémitisme se soit répandu dans toute l'Europe comme une des passions les plus fortes des opinions publiques à la fin du XIXème siècle, à un moment où les attaques menées contre l'ordre précédemment établi risquaient de faire vaciller cet ordre.

F.Furet (op.cil) :
« C'est le temps d'un développement rapide du capitalisme, et de l'entrée des peuples dans la politique démocratique, par le suffrage universel. Les luttes pour le pouvoir perdent ce qu'elles avaient gardé d'aristocratique dans la première moitié du siècle, et même un peu après. Elles ont désormais pour arbitre un plus vaste public. Or le juif, cette incarnation du bourgeois, cette essence de bourgeois, ce bourgeois racial, fournit un bouc émissaire idéal aux exclusives nationalistes comme aux ressentiments des pauvres.
Il permet à lui seul de jouer sur l'air de la détestation toute la gamme des passions démocratiques, de la nostalgie d'une communauté perdue à l'anticipation d'une société nouvelle, nationale ou socialiste, ou les deux ensemble.
De là vient l'extension de l'antisémitisme dans la vie politique des grands pays d'Europe avant 1914.
Ce qu'il a de particulier à Vienne et à Berlin, c'est d'être adossé déjà à une théorie raciste des peuples, à travers l'affirmation de la supériorité germanique.

Mais il existe aussi bien en France, où il survit à la victoire des dreyfusards, comme un sentiment profond que le va-et-vient des circonstances n'atteint pas. Pourtant la République en France conserve au patriotisme du plus grand nombre sa vocation démocratique, héritée de 89. En Autriche-Hongrie, c'est la structure de la double monarchie - et l'effervescence des nationalités sans Etat - qui explique le succès du pangermanisme auprès des foules.

Dans le Reich de Guillaume II, tout y contribue autrement, mais aussi fort : le passé et le présent, le retard et la puissance, au point que la plupart des Juifs eux-mêmes sont enivrés par leur mariage germanique ». (p.59).

Furet reprend à travers l'explication de la situation de l'Europe de l'entre-deux-guerres, la description de la méthode employée tout au long des 20 derniers siècles par les Catholicisants, tels qu'évoqués par A.M. Pontis : les maudits, le complot, le contre-exemple, et je souligne l'importance qu'il y a à retenir la similitude d'analyse qui en fortifie la justesse.

Et je reviens à elle qui traite donc du catholicisme en Russie : « Parmi les conquêtes des dirigeants catholiques se trouva au 10' siècle la Russie, alors petit pays européen. L'entrée du catholicisme fut l'inauguration dans ces contrées d'une dictature absolue sur tous les plans. A la dépendance politique, économique s'ajouta alors une dictature religieuse, spirituelle, intellectuelle, morale, sociologique.

Dans les pays qui devaient devenir la Russie, il y eut des Juifs et des gens venus de partout bien avant la formation de cette nation (vers 862) mais ceux-cineformaient que de petits groupes par rapport à l'ensemble des populations qui constituaient la Russie au 9ème siècle. Les prêtres catholiques byzantins étaient occupés à convertir de force, depuis la fin du 10ème siècle, tous les grands groupes de population composant la Russie quand survint l'invasion tatare au milieu du 13ème et qui se prolongea jusqu'à la fin du 15ème.C'est sous la pression des autorités ecclésiastiques orthodoxes que le tsar Yvan III promulgua le premier édit interdisant la présence des Juifs en Russie.

Par la suite et au cours des conquêtes russes se trouvèrent de petits groupes de Juifs habitant des pays dont ils s'emparèrent : ou bien ils les massacrèrent, ou bien ils leur ordonnèrent de partir de chez eux. Jusqu'aux partages de la Pologne, dans la seconde moitié du 18' siècle, sous Catherine II, il y eut extrêmement peu de Juifs en Russie.

C'est après l'annexion des Polonais catholiques, des Baltes luthériens et catholiques, des Ukrainiens uniates, des Lithuaniens, des Russes Blancs, des Ukrainiens judaïques trop nombreux pour être convertis tous ou chassés de leurs pays respectifs, que le gouvernement russe fut contraint de reconnaître le droit de pratiquer en Russie d'autres religions que l'orthodoxe.

A ces populations, Catherine II voulut donner l'égalité des droits avec les Orthodoxes.

Elle rencontra l'opposition des marchands. Envers les Juifs elle ne put réaliser ce qu'elle voulait. Devant l'opposition orthodoxe (cachée sous des motifs d'ordre religieux) elle dut reculer.

Elle dicta la première loi d'exception : en 1791, les Juifs ne purent travailler que dans leur pays d'origine, ils étaient assignés à résidence dans un chez-eux devenu dépendant de l'autorité orthodoxe.Ces pays furent d'abord ceux colonisés par la Russie au 19' siècle : la Lituanie, la Livonie, la Courlande, quelques provinces polonaises, la Russie Blanche, l'Ukraine, la Bessarabie, certains rivages de la Mer Noire.

Cette loi s'étendit à d'autres pays dont s'empara la Russie : le Caucase et certaines régions d'Asie Centrale où vivaient des Juifs.

La prison territoriale des Russes juifs de ces pays devint de plus en plus exigüe au cours des siècles. La politique des Tsars, sauf celle d'Alexandre II, fut de déporter les Juifs de ces régions, des campagnes où ils habitaient pour la plupart, vers les villes dans des ghettos citadins : il en résultera une surpopulation misérable mourant de faim dans les villes par manque de travail.

Une loi d'exception de Catherine II en 1776 avait arbitrairement rattaché les Juifs exerçant alors des professions diverses à la Corporation des Marchands et Bourgeois, formée de citadins. Petits agriculteurs ou artisans ruraux, les Juifs étaient classés bourgeois et marchands, ce fut une séparation sociale de ces gens d'avec les Russes de mêmes professions mais de religions différentes.

A l'arrivée des troupes russes dans leurs pays au nord, à !'ouest, au sud de la Russie d'Europe, les vastes populations judaïques exerçaient les métiers de petits cultivateurs, d'artisans ruraux, de petits commerçants. La terre appartenait à des Catholicisants, les Juifs étaient des fermiers, ils étaient locataires de parcelles de terre ou acheteurs de la récolte de l'année. Déportés dans les villes ou incités à aller s'installer dans des régions inexploitées pour y servir de pionniers, la grande majorité de ces parias fut progressivement écartée de la profession agricole.
Ils devinrent des meurt-la-faim dans les villes ou ils échouèrent. Alexandre III leur interdit de louer ou acheter des biens immobiliers ailleurs que dans les villes ou dans les bourgs, et sous le règne de Nicolas II la culture du plus minuscule lot de terre leur fut interdite afin de leur fermer la profession agricole.

Outre l'agriculture, les Juifs vivaient de petits commerces, d'artisanats ruraux, de petits métiers campagnards. Nombreux étaient ceux qui étaient tenanciers d'auberges, de cabarets, de relais de poste. Ils exploitaient à bail et les propriétaires étaient des Catholisants. Le commerce des boissons dans lequel les avaient cantonnés les gouvernements de leurs pays d'origine faisait vivre près de la moitié des populations judaïques de l'ouest et du sud de la Russie d'Europe. A partir du 19ème siècle et de 1804 précisément, cette activité fut interdite aux Juifs des campagnes. En 1894, une loi établit le monopole de l'Etat sur le

commerce des boissons. Cette loi priva de travail 250.000
Russes des districts ruraux qui, en très grande majorité,
devinrent des affamés ou moururent de misère dans les villes où
ils avaient le droit d'émigrer.
Dans les régions du Sud-Ouest où les Juifs étaient plus
nombreux dans les villes que dans les campagnes, ils y
pratiquaient des petits commerces. En ce domaine comme dans
tous ceux de l'économie, le gouvernement orthodoxe restreignit
leurs droits et leur enleva des moyens de gagner leur vie.

Lorsque la Russie envahit leur pays d'origine, outre la petite
culture, les petits commerces et certains rôles d'intermédiaires,
les Juifs exerçaient les métiers de meunier, gardien de
troupeaux, pêcheur, forgeron, serrurier, menuisier, couvreur,
peintrei charpentier, maçon, terrassier, fumiste, teinturier,
cocher. Ces métiers représentaient le ghetto professionnel dans
lequel les Juifs avaient été cantonnés par les politiciens
catholicisants de leurs nations d'origine. L'interdiction du
gouvernement russe d'exercer des activités ailleurs que dans ces
régions créa au bout d'un temps une pléthore de ces travailleurs
dans la zone d'assignation à résidence. Cette interdiction
transforma des gens pauvres en misérables ».
Dans une *thèse Les travailleurs immigrés à la Belle Epoque,*
Nancy Green montre comment ces misérables quittèrent ce pays
pour émigrer aux Eiats Unis et en France.

« Parallèlement à ces persécutions, le gouvernement entreprit, à
partir du règne d'Alexandre Ier, en 1801, de détruire
l'enseignement du Judaïsme à l'école pour le remplacer par celui
de l'Orthodoxie.
Dans l'empire russe, en effet, les écoles étaient toutes
confessionnelles.
L'enseignement d'Etat était orthodoxe et les groupes religieux «

forts » (trop importants pour être détruits par!'orthodoxie) avaient reçu le droit d'enseigner leur religion à l'école sous conditioff d'en assumer la charge financière. De même que les autres groupes religieux « forts » colonisés par la Russie, les Judaïques possédaient leurs propres écoles.

Comme l'ensemble de la population russe à l'époque, ils étaient très en retard sur la moyenne de l'évolution des peuples européens.

Tandis que les programmes scolaires de groupes judaïques européens comportaient l'enseignement des sciences profanes, les Russes judaïques n'enseignaient que leur religion.

A partir de 1804, sous le règne d'Alexandre 1", les tsars firent tout pour déjudaïser en orthodoxisant les enfants des Judaïques. Les parents résistèrent à cette pression spirituelle et les conversions de leurs enfants à !'Orthodoxie furent rares.

Deux mesures destinées à détruire l'enseignement du Judaïsme à l'école eurent en définitive des résultats bénéfiques pour ceux à qui elles furent imposées.

Ces deux mesures furent !'obligation de savoir le russe et celle d'apprendre les sciences profanes. Edictées dans un tout autre but, ces lois mirent en définitive à égalité, sur ce plan, les enfants des Russes judaïques avec ceux des Russes orthodoxes. A la longue, après de nombreuses années, ceci permit aux enfants des Judaïques d'accéder davantage aux professions libérales, seules activités hautement qualifiées leur étant partiellement autorisées.

Quelques Judaïques peu nombreux devinrent médecins, pharmaciens , dentistes, infirmières , sages-femmes, avocats , juristes, ingénieurs, techniciens – professions qu'ils n'avaient jamais pu exercer , ayant été écartés jusqu'alors des sciences profanes par les enseignants judaïques.

Lorsque le gouvernement russe vît les conséquences de ces mesures imposées à partir du règne d'Alexandre III, il fit machine arrière et restreignit énormément l'accès des fils des Judaïques aux Universités.
A partir de 1893 des lois diminuèrent toujours le nombre de Judaïques ayant le droit d'entrer a l'Université.

Dans la zone d'assignation à résidence, ce nombre fut limité à 10 % du nombre total des étudiants, puis il tomba ensuite à 7 %. Concurremment à ces restrictions d'accès toujours plus marquées, des mesures furent prises par Alexandre III et Nicolas II pour fermer totalement aux parias de l'Orthodoxie certaines professions libérales et aussi, pour leur rendre très grandement inaccessible la fonction publique, dans la limite des intérêts orthodoxes.

Après un temps, les seuls moyens de gagner leur vie laissés aux « Mal-Pensants » instruits furent le commerce de l'argent, les rôles de courtiers, d'intermédiaires divers, la fonction de leveurs d'impôts, activités estimées « dépréciatives » par la majorité des orthodoxes, abandonnées aux Judaïques en raison de cette opinion répandue.

A ces lois d'exception touchant le champ d'activité professionnelle et le droit de posséder des « Maudits », le gouvernement russe orthodoxe en ajouta une autre concernant les impôts. Il leva sur ses sujets russes judaïques des impôts doubles de ceux exigés des autres féaux. A cette loi d'exception du double impôt créé sous Catherine Il, Nicolas 1"ajouta des charges supplémentaires.

Dans les régions polonaises conquises par la Russie, ces charges d'exception s'ajoutèrent à l'exploitation économique et financière des Judaïques organisée par des prêtres et des nobles catholiques, fidèles en cela comme en toutes ces persécutions à l'enseignement donné dans leurs églises.

A la fin du 19ème siècle, l'ensemble de ces lois russes d'exception (concernant le droit de se déplacer, le travail, le droit de posséder, les impôts) firent de 90 % des Russes juifs des miséreux mourant de faim, de 50 % d'entre eux des gens "sans occupation fixe ».

Des lois exceptionnelles dans l'empire furent également élaborées, touchant aux droits des sujets judaïques dans le domaine politique. Au début de son règne, dans les provinces de l'ouest nouvellement conquises, Catherine Il mit à égalité avec les anciens sujets les habitants de ces régions devenus ses vassaux. Elle leur accorda à tous le même droit de participation à la vie publique des municipalité - l'accès aux hautes instances politiques demeurant, là comme partout dans l'empire, inaccessible à tous sans s'être d'abord convertis à' l'Orthodoxie.

Les Judaïques reçurent, comme· les divers Catholicisants de ces régions, le droit d'élire les membres des Conseils Municipaux et ceux des Conseils des tribunaux locaux, ainsi que le droit de faire partie de ces assemblées. Cet édit de Catherine II souleva le tollé des Catholicisants de ces pays, situés dans la zone d'assignation à résidence. Ces gens se soulevèrent au nom de leurs principes religieux, refusant d'être mis à égalité sur ce plan avec les « Maudits » de leurs religions. Composés d'Orthodoxes, d'Uniates, de Luthériens, de Catholiques, ces Catholicisants obligèrent Catherine II à promulguer des lois d'exception limitant les droits des Judaïques dans les instances locales.

En réponse à cette pression de Catholicisants, Catherine II dut abolir son décret d'égalité.
Sauf dans certains districts où tout droit fut enlevé aux Judaïques dans ce domaine, la règle fut établie que dans les municipalités où ils étaient majoritaires les Judaïques ne pourraient pas former plus du tiers des Conseils Municipaux. En gros, cette règle demeura la même jusqu'en 1892 où Alexandre III fit paraître une nouvelle loi d'exception éliminant totalement les Judaïques de l'administration des communes de leurs pays d'origine.
Devant l'ampleur du mouvement anti-tsariste, Nicolas II fut contraint d'envisager la constitution d'une assemblée nationale délibérative de représentants élus par la population.
En 1905 dans son premier projet, il ferma l'accès de cette assemblée à un seul groupe parmi ses sujets : le groupe judaïque. Mais il dut céder aux délégations d'orthodoxes et de Juifs venus lui demander l'annulation de cette loi d'exception.
Ainsi, alors qu'ils étaient éliminés des instances locales, les « Parias » des Catholicisants possédèrent le droit d'élire des représentants à l'assemblée nationale, la Douma.

En 1905 douze députés judaïques furent élus à la Douma. Cette première assemblée fut rapidement dissoute pour avoir réclamé l'égalité des droits de tous les citoyens. Et le nombre de Juifs diminua dans les trois doumas suivantes dans lesquelles un pouvoir plus grand fut donné aux hautes autorités ecclésiastiques orthodoxes et aux représentants de la noblesse. Par ailleurs Nicolas II, à qui cela .fut demandé, s'opposa toujours à donner même les libertés élémentaires au groupe russe juif. Dans l'empire russe, tout contact et, encore moins, tout échange entre groupes religieux « tolérés » étaient formellement interdits.
Le seul mouvement autolisé dans le domaine spirituel était la

conversion à l'Orthodoxie.

Les dirigeants de l'Orthodoxie craignaient l'influence des autres religions et, entre toutes, l'influence duJudaïsmesurleursfidèles. C'est pourquoi, dans ce domaine aussi, des lois d'exception furent élaborées. Ces lois furent promulguées chaque fois que l'ombre d'une connexion sembla apparaître aux autorités entre la religion « sainte » entre toutes et celle " diabolique » entre toutes.

Ceci se produisit pour la première fois au début du 16'm• siècle sous le règne d'Yvan III lorsque se développa à Novgorod la religion surnommée « Hérésie des Judaïsants ».

L'apparition de cette religion causa l'édit (promlligué sous la pression des autorités ecclésiastiques orthodoxes) selon lequelles Russes Judaiques devaient partir de leurs pays, selon lequel, aussi, tout séjour même temporaire des Juifs en Russie était interdit.

Pour des raisons économiques, cet édit ne put pas toujours être appliqué intégralement. Des Juifs furent parfois autorisés à séjourner provisoirement. Alors la peur d'une contamination judaïque de l''Orthodoxie reprit les dirigeants russes.

Au XVIIème siècle, un décret d'exception parut dans cet esprit, refusant aux Juifs en séjour temporaire en Russie le droit d'employer des serviteurs orthodoxes. L'interdiction de séjour, même temporaire, de Juifs en Russie, établie au 16ème siècle, disparut de soi lorsque la Russie conquit des groupes judaïques importants au XVIIIème siècle. Mais la loi d'exception fut maintenue concernant l'emploi par des Juifs de serviteurs orthodoxes.

Elle fut renforcée à l'apparition d'une religion, le « sabbatisme », née dans une région où les Judaïques n'entraient jamais, la région d'Orel. Les autorités crurent voir dans cette religion une «

parente » du Judaïsme. Ce cordon sanitaire fut par la suite progressivement aboli, destiné à protéger les Orthodoxes de la contagion du « virus » judaïque. Cette loi n'eut jamais de conséquences sur les Juifs, le nombre de ces gens pouvant employer des serviteurs étant pratiquement nul.

Une série d'arrêtés d'exception parurent en 1819, crées pour les mêmes raisons.

Dans leur pays d'origine, les « Parias » étaient alors grandement des campagnards, locataires de parcelles de terre ou acheteurs de récoltes de l'année aux propriétaires catholicisants (...) En 1819 une série d'arrêtés défendit aux propriétaires de louer leurs serfs aux Judaïques dans la crainte d'une connexion entre l'Orthodoxie et le Judaïsme. Furent ajoutées des enceintes qui défendirent aux Judaïques tout contact avec l'extérieur.

Ces enceintes servirent non seulement à « protéger » les Russes catholicisants d'une contamination judaïque mais aussi à constituer une garantie de plus de la sclérose du Judaïsme imposée par le Catholicisme à ses débuts.

Des lois sans équivalent dans !'empire russe furent également établies, concernant la situation administrative des Russes judaïques. Ces lois furent relatives au service militaire, aux papiers d'identité, à certaines traditions de populations israélites, baltes, polonaises, ukrainiennes.

De même que les autres groupes religieux « forts » conquis au 18ème siècle par la Russie, le groupe judaïque fut exempté pendant un temps d'obligations militaires, sous condition de payer un impôt supplémentaire appelé « impôt de conscription ».

Puis, en 1827, Nicolas l'abolit les lois en cours et établit ce qui fut appelé le « service cantoniste », la conscription obligatoire des enfants et des jeunes gens juifs de 12 à 25 ans.

Dans le but de les convertir à l'Orthodoxie, ces enfants et jeunes gens furent déportés dans des casernes sibériennes et livrés à des sadiques, prêtres et militaires orthodoxes dépourvus de toutes barrières morales, qui les y martyrisaient. La plupart des enfants n'atteignirent pas les casernes- bagnes sibériens, ils moururent pendant le trajet. Cewc qui survécurent, s'ils refusèrent de se convertir, furent soumis aux tortures de gardes-chiourmes aux instincts décharnés, libres de tout frein moral.

Les Judaïques tentèrent, par tous les moyens dont ils purent disposer, de protéger leurs enfants de la mort, de la torture, de ce qui était, en réalité, un massacre organisé. Un grand nombre de ces jeunes gens se mutilèrent pour n'être pas mobilisables. La plupart de ceux qui survécurent à la déportation en Sibérie se laissèrent incarcérer dans l'Orthodoxie.
Quelques-uns se suicidèrent plutôt que d'entrer dans la religion de leurs bourreaux.
Une proportion d'entre eux eut les réactions d'autres groupes non orthodoxes conquis par la Russie, dont certains membres allèrent jusqu'à tuer leurs enfants et se suicider plutôt que d'accepter le viol orthodoxe des consciences. Ceux de ces jeunes garçons qui furent emprisonnés dans l'Orthodoxie n'eurent jamais le droit de devenir officiers. Une certaine quantité de ces jeunes persécutés échappa aux bagnes sibériens. Devant cette résistance des parents et des enfants, Nicolas l"multiplia les édits destinés à conduire à la mort ou au martyre les enfants des Judaïques. Cette tuerie dura 29 ans, jusqu'à la mort de Nicolas l" en 1856. Ces lois furent abolies, dès son arrivée au trône, par Alexandre II.

La seule loi d'exception non abrogée fut l'interdiction faite aux fils des « Maudits » d'accéder au rôle d'officier. Compte-tenu de cette clause d'exception et de celles concernant les médecins

militaires juifs auxquels dut avoir recours le gouvernement, faute de trouver suffisamment de médecins orthodoxes, le régime de la conscription ne devint jamais le même pour les Juifs que pour les autres Russes.
D'autres lois d'exception furent ajoutées, destinées à porter atteinte au Judaïsme tel qu'il était pratiqué dans certaines régions. Ces lois tentèrent de détruire tout signe extérieur symbolique de l'appartenance à cettereligion.

En 1804, un décret interdit les coupes de cheveux et les vêtements particuliers aux descendants de certains groupes polonais judaïques, colonisés au XVIIIème siècle par la Russie. Ce décret enjoignit à ceux de ces Judaïques qui étaient membres des organismes municipaux, d'abandonner leurs coiffures et vêtements traditionnels pour adopter au choix ceux portés à !'époque par les Russes orthodoxes, les Polonais catholiques ou les Allemands catholiques et luthériens.

En 1804, une autre loi parut, rendant obligatoire l'étude du russe, du polonais ou de l'allemand dans les écoles juives. Cette loi fut élaborée dans l'intention de faire disparaître l'usage de la langue Yiddish utilisée couramment dans certains milieux juifs et représentant également un signe extérieur symbolique d'appartenance au Judaïsme.

Les Lithuaniens, les Livoniens, les Courlandais, les Polonais, les Russes blancs, les Ukrainiens, les habitants des rivages de la Mer Noire pratiquant le judaïsme et devenus Russes au XVIIIème siècle se conformèrent à l'obligation de savoir le russe, le polonais ou l'allemand. Mais ils n'abandonnèrent pas pour cela l'usage du Yiddish.

De même, lorsque le groupe juif visé résista à la Loi de 1804, il n'abandonna pas ses coupes de cheveux et ses vêtements traditionnels.
En 1851, une loi interdit le port de ces tenues allégoriques non plus seulement aux membres des organismes municipaux mais à tous les juifs du groupe intéressé.

Ceux-ci résistèrent à ces décrets, en dépit des persécutions engendrées par leur refus de se déguiser en Russes orthodoxes, en Polonais catholiques ou en Allemands luthériens ou catholiques.
Mais au bout d'un temps ces coutumes symboliques disparurent en grande partie du groupe judaïque en question. La plupart de ces gens adoptèrent, individuellement, des tenues conformes à leurs goûts personnels. La disparition de ces traditions allégoriques ne changea rien à l'esprit de la religion pratiquée par ces gens.
catholicisants, de ne plus pouvoir reconnaître leurs concitoyens judaïques au vu d'extériorités. Cette peur se propagea autant à l'extérieur de la zone d'assignation à résidence qu'à l'intérieur de ces régions, car la misère de l'immense majorité des Russes juifs incitait parfois certains de ces meurt-la- faim à entrer illégalement dans l'empire interdit. La crainte de ne plus pouvoir distinguer les Judaïques des autres sujets poussa le gouvernement à émettre des lois d'esprit exactement opposé à celles de 1804 et de 1851 leur interdisant de se faire remarquer.

Ces lois, parues en 1893 et en 1894, établirent l'obligation pour les seuls sujets Judaïques de porter des signes distinctifs sur leurs pièces d'identités permettant aux policiers de repérer ces sujets parmi les autres. Pour se faciliter la tâche, certains policiers, de leur propre chef, ordonnèrent aux « Parias » des

Catholicisants d'inscrire leur religion à l'encre rouge sur leurs passeports.

Lorsqu'en fin du XIX'm'siècle, une partie des « Parias » (comme de tous les groupes religieux russes) n'adhérèrent plus au Judàisme ni à aucune autre religion, ils furent encore enregistrés dans l'Etat Civilcomme professant le Judaïsme, le gouvernement continua de les classer « Judaïques ». Alors que d'autres Russes étaient enregistrés dans l'Etat Civil sans mention de religion, les descendants des « Parias » n'eurent jamais le droit de devenir laïcs. A la fin du tsarisme, ils furent qualifiés de « race sémite », comme le furent les Juifs de tout l'empire catholicisant. Etablie au moyen d'une falsification de la science, cette qualification signifia en fait « groupe né malfaisant » et devant le rester éternellement.

En 1912, la loi russe, donnant pour la première fois au mot juif le sens d'état irréversible, reconnut ainsi officiellement le besoin nié jusqu'alors de « déicides » ou de « coupables » à demeure, besoin intrinsèque à la construction sociologique catholicisante. L'ensemble de ces lois d'exception fut élaboré progressivement au cours des ans.

L'apparition d'un nouveau décret ne signifia jamais en soi l'abohtion des décrets précédents. Sauflorsque leur annulation fut explicitement stipulée, tous les arrêtés demeurèrent applicables à égalité. Cela constitua en fin du XIXème siècle un amoncellement de décisions d'une extrême complexité, parfois contradictoires, ouvrant la porte à l'arbitraire qui, en somme, donna aux Juifs un statut inférieur à celui des criminels.

D'autres moyens d'agression que ce statut d'exception furent utilisés par le gouvernement orthodoxe, comme dans tous les pays catholicisants, destinés à limiter dans l'empire russe la pratique d'un Judaïsme figé. Ces moyens furent principalement :la négation de leur action, la négation de leurs propos, la dissimulation de leurs véritables intentions, le double jeu, la complicité inavouée, l'action occulte. Lorsque des Russes orthodoxes en vue leur reprochèrent, au nom de leur morale, leurs agressions contre les Juifs, les autorités orthodoxes nièrent les avoir accomplies.

A la fausseté, au mensonge, à l'hypocrisie donnés par des Orthodoxes au pouvoir pour de la franchise, de la droiture, ces puissants ajoutèrent l'action occulte. Ils éliminèrent secrètement les Juifs des postes auxquels ils avaient droit. Ajoutées à un statut sans équivalent dans Yhistoire russe1 ces prisons secrètes ou niées firent des Russes juifs, les plus défavorisés de tous les sujets colonisés par l'Orthodoxie, des gens enfermés dans une prison entourée de sept enceintes, d'ordre territorial, social, économique, religieux, politique, administratif, biologique, sans compter celles inavouées, celles niées, celles reliées à l'Internationale occulte catholicisante, et (datant, en Russie, du XVIème siècle) celle de noms de famille particuliers inventés par des Orthodoxes pour pouvoir distinguer les « Parias » des autres sujets.

Ce statut d'exception suivit très fidèlement les incitations à l'agression contre les Russes juifs, agression limitée, prêchée par les prêtres orthodoxes dans l'empire. Ces lois sans pareilles eurent non seulement pour objet de séparer les Juifs des autres sujets, d'en faire mourir par périodes, mais aussi de les déconsidérer aux yeux des Orthodoxes.

Ces artificialités furent choisies de telle sorte qu'elles donnent aux Juifs le visage du mal, du Diable de l'Orthodoxie. Classés arbitrairement bourgeois et marchands, ces Russes furent de ce fait artificiellement rattachés à la classe sociale estimée être la moins « sainte » de cette société, les milieux classés « moraux » entre tous étant depuis toujours la paysannerie et l'aristocratie.

Dépossédés de leurs activités originelles, privés de moyens de gagner leur vie, les Russes juifs furent acculés à vivre d'expédients ou à accepter, pour ne pas mourir de faim, d'exercer les métiers les plus « déconsidérés moralement », les plus haïs des populations orthodoxes, métiers taxés par ces populations de « parasitaires », « honteux », « exécrables » ou « inutiles » ou d'activités d'exploiteurs ».
Ces lois économiques, ne laissant aux Juifs que l'alternative de la misère sans limites ou de La « honte » aux yeux des Orthodoxes, servirent, comme la fausse classification sociale, à donner aux Juifs les traits du Diable de l'Orthodoxie. Les lois interdisant aux Juifs de posséder de la terre furent aussi un moyen de les déprécier moralement. La terre était, en effet, le bien « noble » entre tous et l'argent, la plus « méprisable » des propriétés.

Ce fut le seul bien accessible aux rarissimes Parias de l'Orthodoxie qui, cantonnés par les lois dans le commerce de l'argent, purent en gagner. Ce fut le seul moyen de survivre aux persécutions laissé à des sujets exceptionnels, utiles à la société orthodoxe, parmi les « Maudits » des Catholicisants.
Le statut d'exception dans son ensemble constitua donc un déguisement du groupe russe juif en Diable de l'Orthodoxie destiné à exciter les populations contre ce groupe. Organisé à l'effet de rendre les Juifs répugnants aux Catholicisants, et, par contrecoup, de les inciter à l'agressivité contre ces gens dont l'image de marque était artificiellement falsifiée, ce déguisement remplit bien sa fonction.
A la fin du XIXème siècle, des massacres furent effectués (en russe, pogromes) auxquels participèrent des Russes orthodoxes

de toutes classes sociales, pour qui le mal en sa totalité ne pouvait venir que des sujets maquillés par la loi russe orthodoxe en gens qui ne peuvent faire que le « mal ».

D'autres moyens que des lois uniques en Russie furent employés pour maquiller les « Parias » des Catholicisants. Entre autres, un moyen de défigurer les Judaïques ou les Juifs pour les rendre « répugnants » ou « d'aspect diabolique », fut la rédaction de faux. Parmi les plus célèbres de ces écrits il y a les faux témoignages apportés par les Bien·Pensants, lors de leurs mises en accusation épisodiques de Judaïques dans ce qui a été appelé les « procès de meurtres rituels ».

Ces procès, ces accusations furent des images de certaines tendances catholicisantes constantes projetées sur les Judaïques. Se comportant, en Russie comme ailleurs, en menteurs, en falsificateurs qui interdisent le mensonge, la fausseté, les dirigeants orthodoxes furent en cela comme en presque tout parfaitement fidèles au modèle catholique qui avait falsifié certaines parties des textes originels de base de cette religion : les Evangiles. Les dirigeants russes orthodoxes furent aussi très fidèles au mot d'ordre catholique originel de fixer le Judaïsme en l'état où ilse trouvait à la colonisation romaine du pays hébreu. Périodiquement, ils détruisirent les livres saints judaïques ecrits après cette colonisation ».

Ce très long extrait de la thèse d'Anne·Marie Pontis est, de ma part, un hommage au travail qu'elle a réalisé et qui, hélas est fort peu connu, et d'autre part la volonté que j'ai de montrer que le présent est toujoms la conséquence du passé. Il convient de noter que la Russie ne fut que l'un des pays catholicisés où les Juifs subirent des lois d'exception. Dans toutes les nations catholicisées, un statut équivalent fut imposé à ces « Parias » et si j'ai cité longuement Anne Marie Pontis c'est qu'elle montre bien comment la population a été éduquée à être antisémite. Pendant des siècles on lui a appris à mépriser des êtres humains marqués comme du bétail, parqués dans des ghettos, contraints à des activités « immorales » et dont la disparition, en fin de compte, n'est ressentie que comme un soulagement.

Cette description détaillée de la situation des juifs est une démonstration de plus de la théorie que je tente de développer : la Shoah est bien la conséquence de l'"Enseignement du mépris » et cet enseignement n'a été dispensé, tout au long des siècles, que pour asseoir toujours mieux le pouvoir des autorités, les religieuses et les politiques. Sa survivance dans la Russie bolchevique n'a rien d'étonnant ; on n'efface pas facilement ce qui est devenu, par la force des choses, une donnée culturelle. Dans son impressionnante biographie de Primo Lévi (Primo Levi édition Claude Lattès 1996), Miriam Anissimov consacre un chapitre à « la plus ancienne communauté juive », qui vivait en Italie, et elle montre comment, tout au long des siècles, les autorités pontificales y prirent des mesures d1exclusion à son encontre : « La communauté juive s'est maintenue malgré une longue histoire faite d'humiliations, de persécutions. Elle a apporté une réelle contribution à l'histoire de l'Italie.

Ils (Les Juifs) arrivèrent en Italie deux siècles avant notre ère. En 63 avant J-C, Pompée s'empara de Jérusalem et des prisonniers juifs furent ramenés comme esclaves. L'échec de la révolte de Bar Koshba (132-135) provoqua à nouveau l'arrivée de nombreux prisonniers réduits en esclavage et qui participèrent à la construction du Colisée. Jouissant d'une charte accordée par César, leur situation resta bonne jusqu'au 1"siècle après J-C où, jugés trop nombreux, ils firent l'objet d'arrêtés d'expulsion édictés par Tibère et par Claude en 19et 49. Ces mesures furent rapportées et en 212, ils devinrent citoyens de l'Empire.

Flavius Josèphe écrit qu'ils étaient huit mille à Rome en l'an 4 avant l'ère chrétienne. Certains Romains, impressionnés par le monothéisme, s'y convertirent. Au I" siècle, de petites communautés se développèrent hors de Rome, à Vénusia, Syracuse, Pompéi, Tarente, Otrante, Ferrare, Brescia, Milan. En 212, un édit de Caracalla fit de tous les habitants libres de l'Empire, des citoyens.

Ils devinrent donc Romains et ne subirent aucune restriction dans leurs activités.

Cette tolérance disparut avec l'affirmation du christianisme comme religion d'Etat.

En 329 ils ne furent plus autorisés à posséder des esclaves chrétiens ou à convertir des païens au judaïsme. Le mariage entre Juifs et chrétiens fut interdit, interdiction aussi de devenir fonctionnaires, de construire ou d'agrandir des synagogues, interdiction de tout prosélytisme.

A partir du déclin de l'Empire leur sort connut des fortunes diverses. A partir de l'an 100, leur condition redevint incertaine dans un climat marqué par les Croisades et la reconquête qui aboutità des expulsions et à desmassacres.

Le concile de Latran vint donner une base juridique au rejet des Juifs : ils furent exclus des corporations et des guildes, contraints à résider dans des quartiers séparés et à porter un signe distinctif.

La grande peste noire qui se répandit en Europe en 1348 fit périr un tiers de sa population et déclencha une vague de persécutions notamment en Allemagne et de nombreux survivants se réfugièrent à Venise, Padoue, Ferrare et Mantoue.

Nombreux en Sicile, ils y vécurent tranquilles jusqu'en 1492. Les colonies juives qui étaient prospères au sud de la péninsule cessèrent d'exister sous l'occupation espagnole au XVIème siècle.

En 1541, trente-sept mille juifs furent expulsés.

Paul IV, deux mois après son intronisation, publia une bulle anti-juive, Cum mm1s absurdum, expliquant combien il aurait été absurde d'autoriser les Juifs à vivre au milieu de chrétiens et ils furent contraints de vivre dans un quartier séparé.
En 1569,Paul V publia une bulle anti-juive Hebrorum gens sola, qui signifiait l'expulsion des juifs des Etats pontificaux à l'exception de Rome et Ancône.

Grégoire XIII publia *la bulle Antiqua Judaeorum improbitas* qui augmenta la pression de !'Inquisition contre les Juifs, interdit le Talmud et ordonna des prêches obligatoires pour les Juifs de Rome et des Etats pontificaux.
Puis la situation s'améliora avec les papes issus des Médicis, et avec la Renaissance les communautés juives prospérèrent dans toutes les activités.
Une nouvelle vague d'antisémitisme déferla à la fin du XVème siècle.
La Contre-Réforme, dans la seconde moitié du XVIème siècle, adopta une attitude rigide et hostile vis- à-vis des Juifs.
 En 1553 tous les talmuds trouvés à Rome furent brûlés en place publique, les juifs durent porter une marque d'identification. Le premier ghetto, celui de Venise fut établi en 1516, le second en 1555 à Rome.

Malgré tout, les marchands juifs voyageaient et si la majeure partie de l'Europe était encore illettrée, les juifs du ghetto qui commençaient l' étude de la Thora à l'âge de trois ans savaient tous lire et écrire et on trouvait dans leurs rangs nombre de médecins, mathématiciens, astronomes, cartographes.

En 1796 Napoléon fut accueilli comme un sauveur. Les portes des ghettos furent abattues et pour la première fois de leur histoire, les Juifs disposaient des mêmes droits que les autres Italiens.

La chute de l'Empereur et la Restauration provoquèrent leur retour dans les ghettos et une grande partie des droits qui leur avaient été accordés leur fut retirée.

Dans les Etats pontificaux, le pape, qui n'avait pas signé le traité de Vienne, fit disparaître toutes traces de la période française. Les anciens tribunaux ecclésiastiques furent reconstitués, la justice féodale rétablie, de même que l'Inquisition.

La Restauration fut encore plus radicale au Piémont. Dès son arrivée à Turin, le 21 mai 1814, Victor Emmanuel « décréta » l'observation des constitutions royales de 1770 » qui eut pour conséquence le retour des Juifs dans leur ghetto ».

Cette description de la situation faite aux juifs d'Italie, en tous points semblable à la précédente en Russie, montre bien la persistance des mêmes démarches d'exclusion menées tout au long de' l'Histoire, pour établir et maintenir un ordre hégémonique.

Après avoir examiné différents aspects de l'évolution de l'Eglise, comment elle est devenue riche et puissante et comment elle s'est comportée vis-à-vis des juifs, ilme semble nécessaire d'être attentif à la façon dont fonctionne cette entité politique qui ne s'appuie sur aucun moyen matériel et qui est néanmoins présente dans la vie des nations.

L'ORGANISATION DU VATICAN

Le Saint-Siège n'a jamais délimité dans le temps la réalisation des desseins qu'il s'était assignés, car la notion de temps perd de son intérêt pour qui raisonne au regard de l'éternité, et les relations que le Vatican entretient avec les puissances étrangères sont fondées sur la conviction qu'il peut se permettre de ne jamais manifester de hâte dans un monde où les hommes passent ainsi que les régimes - alors que l'Eglise, seule, demeure à travers les siècles. Cette position valait pendant la guerre et vaut toujours.

L'Eglise a eu à lutter contre les hérésies et les sclùsmes, mais elle n'était pas en butte aux attaques de gouvernements qui avaient délibérément inscrit à leur programme la destruction de tout christianisme.

Les guerres avec les Turcs furent au nombre des très rares conflits dirigés contre des puissances non chrétiennes et auxquels des états religieux aient pris part.

Certaines puissances se sont employées à abolir jusqu'à l'idée même de religion ou à la remplacer par de nouvelles doctrines fondées sur un nationalisme exaspéré, il en est d'autres qui se sont efforcées de contraindre l'Eglise à remanier sa doctrine en fonction de leur propre politique. Les moyens de combat ont évolué tout aussi radicalement que ses formes.

La force morale et l'influence de l'Eglise se sont trouvées accrues dans les temps modernes en raison même de son impuissance dans le domaine temporel.

La solidarité du monde catholique est telle que les paroles du Pape que n'appuie aucune puissance matérielle réveillent invariablement dans tout l'univers des énergies morales souterraines qui finissent par affecter les consciences des

masses. Paradoxalement d'ailleurs même celles des non catholiques.
Les catholiques constituent toute l'armée du Vatican, ses chefs reconnus en sont les prêtres. Ses armes en sont la plume, l'éloquence, la fonnidable mise en scène.

Le Vatican ne dispose pas seulement de la diplomatie mais aussi de moyens existants de la propagande parmi ses fidèles et de puissantes sanctions morales.
Dans la période contemporaine, son influence dans le règlement des problèmes internationaux et notamment dans celui qui a entrainé le démantèlement, la dislocation de l'empire soviétique et la chute du mur de Berlin est un facteur que ne peuvent négliger les gouvernements et qui est l'illustration dans le présent de ce qui fut dans le passé et plus précisément dans la période qui s'étend de 1940 à 1945. Un livre de Camille Cianfarra (qui fut journaliste au New York Times) La guerre et le Vatican (traduit de l'américain par C. Micaud, Paris, édition le Portulan 1947) a contribué à cerner l'organisation du Vatican :
« Quiconque se livre à l'étude de l'organisation de l'Eglise Catholique Romaine, ne peut manquer d'être frappé de sa ressemblance avec celle de l'empire romain, car elle n'a pas seulement adopté la langue et le costume de cette période, mais aussi bon nombre de ses vocables et de ses institutions.
Diocèse, préfecture, vicariat, consistoire, ne sont autre chose que des appellations civiles données par les Romains.
Quand le Pape fait de quelqu'un son représentant, illui confère le titre de « légat » qu'on trouve dans le *De Bello gallico* de César.

En tant qu'organisation humaine elle est composée de noyaux appelés paroisses et constituées à la fois d'une église et d'une population confiée à la garde spirituelle d'un prêtre. C'esl dans le cadre de la paroisse que les croyants sont initiés à la religion, accomplissent leurs devoirs de chrétiens, et sont tenus informés des décisions de l'autorité centrale.

Le seul échelon intermédiaire entre le curé d'une paroisse et le Pape, est l'évêque qui gouverne un diocèse, territoire nettement déllmlté, composé d'un grand nombre de paroisses.
Encore que le Pape rassemble entre ses mains l'autorité suprême de l'Eglise, il délègue en pratique une bonne partie de ses pouvoirs à douze collèges appelés Congrégations, ainsi qu'à trois Tribunaux et quatre Offices.
Les Congrégations sont, dans l'ordre, la Sainte Congrégation du Saint-Office (ou de la Grande Inquisition), la Sainte Congrégation Consistoriale, la Sainte Congrégation pour l'Eglise orientale, celle de la Discipline des Sacrements, du Concile, des Religieux, de la Propagande, des Rites, la Sainte Congrégation Cérémoniale, celles, enfin, des Affaires Extraordinaires Ecclésiastiques, des Séminaires et des Universités de la Révérende Fabrique de Saint-Pierre.
 Elles ont la direction de toutes les manifestations de la vie catholique dans le monde entier, maintiennent la discipline, apportent une solution aux questions touchant à la doctrine, fournissent la seule interprétation authentique de la religion, et réglementent la pratique des rites religieux.

Les Tribunaux (la Sainte Pénitencerie Apostolique, la Sainte Rote Romaine et la Signature Apostolique) distribuent la justice. Quant aux Offices (Chancellerie Apostolique, Daterie Apostolique, Chambre Apostolique, et Secrétairerie d'Etat), ils ont dans leurs attributions l'expédition des Lettres apostoliques, l'administration des biens et droits temporels du Saint-Siège, et l'exécution matérielle des multiples tâches.

L'ensemble de ces organismes forme la Curie Romaine, c'est-à-dire le gouvernement de l'Eglise. Les plus importants sont les Congrégations qui se peuvent comparer aux divers départements ministériels des gouvernements temporels. Chacune d'elles discute et résout en lieu et place du Pape, une certaine catégorie de problèmes. Le pouvoir d'en délibérer est réservé à un conseil de cardinaux qui se partagent les postes de direction au sein de chaque congrégation. Toutefois ils ne prennent de décisions irrévocables sur une question déterminée qu'après s'être éclairés des avis de conseillers techniques qui en ont étudié minutieusement tous les aspects. A la tête de chaque congrégation se trouve un Préfet assisté d'un Secrétaire.

Le Pape est lui-même le préfet de trois congrégations qui sont, pour l'Eglise, d'une importance vitale : le Saint-Office, la Consistoriale et la Sainte Congrégation pour l'Eglise Orientale. Elles ont respectivement pour mission de sauvegarder la doctrine touchant la foi et les mœurs, de pourvoir à la nomination des évêques et à l'administration des diocèses et chapitres, et de s'occuper de toutes les affaires intéressant les Catholiques des rites orientaux. Les autres congrégations sont dirigées par des cardinaux de Curie ainsi nommés en raison de leur fonction dans le gouvernement de l'Eglise. Là où le Pape fait fonction de Préfet, le poste de Secrétaire est occupé par un cardinal.

En tant qu'ils constituent le sommet de la hiérarchie du clergé catholique romain, les cardinaux sont les conseillers naturels du Souverain Pontife, et dans bien des cas, ses plus intimes collaborateurs dans le gouvernement central de l'Eglise.

Les cardinaux forment ce qu'on appelle le Sacré Collège qui comprend théoriquement soixante-dix membres, sans que jamais en fait, ils n'atteignent ce nombre.
L'une des raisons qui militent en faveur des vacances habituellement constatées, est, qu'au cas où Je Pape mourrait à l'improviste, son successeur doit pouvoir disposer des sièges qu'il souhaiterait offrir aux minutieusement tous les aspects.
A la tête de chaque congrégation se trouve un Préfet assisté d'un Secrétaire.

Le Pape est lui-même le préfet de trois congrégations qui sont, pour l'Eglise, d'une importance vitale : le Saint-Office, la Consistoriale et la Sainte Congrégation pour l'Eglise Orientale. Elles ont respectivement pour mission de sauvegarder la doctrine touchant la foi et les mœurs, de pourvoir à la nomination des évêques et à l'administration des diocèses et chapitres, et de s'occuper de toutes les affaires intéressant les Catholiques des rites orientaux.

Les autres congrégations sont dirigées par des cardinaux de Curie ainsi nommés en raison de leur fonction dans le gouvernement de l'Eglise. Là où le Pape fait fonction de Préfet, le poste de Secrétaire est occupé par un cardinal.

En tant qu'ils constituent le sommet de la hiérarchie du clergé catholique romain, les cardinaux sont les conseillers naturels du Souverain Pontife, et dans bien ·des cas, ses plus intimes collaborateurs dans le gouvernement central de l'Eglise.
Les cardinaux forment ce qu'on appelle le Sacré Collège qui comprend théoriquement soixante-dix membres, sans que jamais en fait, ils n'atteignent ce nombre.
L'une des raisons qui militent en faveur des vacances habituellement constatées, est, qu'au cas où le Pape mourrait à l'improviste, son successeurdoitpouvoirdisposer des sièges qu'il

souhaiterait offrir. Il arrive qu'il ait été choisi parmi les titulaires d'un siège épiscopal, ou qu'il ait fait partie du haut personnel d'une Congrégation ne s'occupant que d'affaires purement religieuses.

Dans cette hypothèse, les pouvoirs du Secrétaire d'Etat en sont encore accrus. L'Eglise se considère elle-même comme une société ayant toutes les caractéristiques et tous les éléments des autres organisations temporelles, mais affirme sa supériorité sur elles toutes en raison de sa nature spirituelle et de son universalité. Son objet est de « sauvegarder des âmes », c'est-à-dire de faire des adeptes, par la conversion, sans considération de races ou de nationalité.

La tâche constante de l'Eglise consiste à s'assurer les conditions les plus favorables pour la réalisation de son programme dans le cadre des états temporels. Toutes les consignes nécessaires à la poursuite de cette politique proviennent du Vatican, organisme directeur de l'Eglise, qui décide officiellement de ce qu'il faut croire et du sens dans lequel il convient d'agir, formule les règles pratiques de toutes les activités religieuses en contact avec les sociétés temporelles du monde entier, dresse de nouveaux programmes, et développe ceux déjà existants, défend la vie religieuse des Catholiques et constitue, en fait, eur suprême instrument de sauvegarde contre toutes les tentatives de pression exercées tant de l'intérieur de l'Eglise elle-même, que de l'extérieur.

Quand il arrive à un Etat de se mettre en travers de collaborateurs de son choix. Celui des cardinaux auquel ilest dévolu le plus de pouvoir au sein de l'Eglise, est le Secrétaire d'Etat du Pape. Il n'est pas seulement le ministre des affaires étrangères, mais le seul ministre pour tout ce qui ne concerne pas directement des questions purement religieuses.

Il a le privilège d'une audience particulière du chef de l'Eglise, au moins une fois par jour, reçoit les ambassadeurs et autres personnalités que le Pape ne peut voir personnellement, signe les traités en son nom et, seul de tous les cardinaux, a sa résidence dans l'enceinte du Vatican.

En résumé, le Secrétaire d'Etat est le symbole de toute l'activité politique de la Papauté, et l'héritier direct des devoirs qui, pendant la période de la Renaissance italienne, incombaient au « cardinal-neveu », d'historique mémoire.
C'était l'époque où le Pape fut si fréquemment contraint par l'insistance des rois ou des princes, de nommer des cardinaux par avance acquis à la défense d'intérêts politiques étrangers, auxquels ils donnaient priorité sur les intérêts de l'Eglise elle-même, qu'il en était arrivé à ne plus chercher, hors les membres de sa propre famille, les pins indispensables garanties de fidélité et de loyalisme.

Le Secrétaire d'Etat est invariablement un homme rompu aux intrigues par de longues années consacrées an service diplomatique de l'Eglise. Il a eu le temps de se pénétrer de ses méthodes, de ses buts et de ses problèmes. Le Pape lui-même peut n'avoir aucune expérience diplomatique. Il arrive qu'il ait été choisi parmi les titulaires d'un siège épiscopal, ou qu'il ait fait partie du haut personnel d'une Congrégation ne s'occupant que d'affaires purement religieuses.

Dans cette hypothèse, les pouvoirs du Secrétaire d'Etat en sont encore accrus.
L'Eglise se considère elle-même comme une société ayant toutes les caractéristiques et tous les éléments des autres organisations temporelles, mais affirme sa supériorité sur elles toutes en raison de sa nature spirituelle et de son universalité. Son objet est de "

sauvegarder des âmes », c'est-à-dire de faire des adeptes, par la conversion, sans considération de races ou de nationalité.

La tâche constante de l'Eglise consiste à s'assurer les conditions les plus favorables pour la réalisation de son programme dans le cadre des états temporels.

Toutes les consignes nécessaires à la poursuite de cette politique proviennent du Vatican, organisme directeur de l'Eglise, qui décide officiellement de ce qu'il faut croire et du sens dans lequel il convient d'agir, formule les règles pratiques de toutes les activités religieuses en contact avec les sociétés temporelles du monde entier, dresse de nouveaux programmes, et développe ceux déjà existants, défend la vie religieuse des Catholiques et constitue, en fait, eur suprême instrument de sauvegarde contre toutes les tentatives de pression exercées tant de l'intérieur de l'Eglise elle-même, que de l'extérieur.

Quand il arrive à un Etat de se mettre en travers de son programme, le Saint-Siège, de la façon même de n'importe quel gouvernement temporel, a recours à la diplomatie dans ses rapports avec le pouvoir civil, non seulement pour maintenir ses droits, mais aussi bien pour empêcher les forces qui lui sont hostiles, d'influencer l'Etat.

Son action devient alors purement politique puisqu'elle vise à négocier avec le gouvernement temporel intéressé, un accord communément appelé « Concordat », qui soit susceptible de permettre la coexistence de deux pouvoirs, le spirituel et le temporel.

Parmi tous les organismes de la Curie Romaine, les vrais artisans de la politique vaticane sont la Secrétairerie d'Etat, la Sainte Congrégation de Affaires Extraordinaires Ecclésiastiques et la Sainte Congrégation Cérémoniale.

C'est à la secrétairerie d'Etat qu'incombent toutes les négociations avec les puissances étrangères, soit directement, soit par l'intermédiaire des Nonces apostoliques et des Internonces, qui sont les agents diplomatiques permanents accrédités par le Vatican auprès des gouvernements temporels. Elle est aidée dans cette tâche par le Sainte Congrégation des Affaires Ecclésiastiques, qui a pour principale attribution les conventions passées avec les Etats. Les Nonces ont rang d'ambassadeur et les Internonces de ministre.

Depuis le Congrès de Vienne en 1815, il leur a été accordé le droit de faire partout fonction de doyen du Corps diplomatique.

Par définition, Nonces et Internonces ont pour mission d'assurer le respect des intérêts de l'Eglise par les pouvoirs politiques, de réconcilier, partout et chaque fois que possible, les divergences de vues du Vatican et des autorités civiles sur tous les sujets les intéressant en commun, de cimenter les relations entre les divers pays et le Saint-Siège, de veiller à !'exécution des instructions pontificales, à l'observation des disciplines du Droit canon et des décisions arrêtées par les Congrégations Romaines, et à !'obéissance immédiate aux vœux exprimés par le Souverain Pontife, enfin de maintenir et de consolider l'unité de foi, de discipline, de sentiment et d'action, en accord avec les directives données par Rome ».

Tous ces objectifs ne sont pas toujours atteints exclusivement par le canal des relations diplomatiques avec les gouvernements temporels, mais aussi grâce à l'intervention des évêques et du clergé local, des personnalités catholiques influentes, et des organisations tant politiques qu'économiques, financières et culturelles.

Les modalités d'application du programme, comme le choix des moyens, sont laissés à l'initiative des nonces qui s'efforcent, à la fois par des contacts personnels et par !'entremise des diverses organisations catholiques, d'exercer leur influence sur les administrations civiles et jusque sur les fidèles eux [3]mêmes.

Le Vatican a été et est très probablement le mieux informé de tous les gouvernements de l'univers. Les renseignements affluent de tous côtés dans ses divers bureamc, grâce à cette énorme machine dont les bras s'étendent jusque sur les régions les plus éloignées du globe. Nonces apostoliques et Internonces ont accès aux mêmes sources d'information que les ambassadeurs, et rédigent à l'adresse de la Secrétairerie d'Etat des rapports analogues à ceux que peuvent envoyer les ambassadeurs à leurs Ministères des Affaires Etrangères.

Chaque fois que leurs dépêches contiennent des éléments d'information que la Secrétairerie juge dignes d'un intérêt particulier, il est donné communication au Pape sous forme d'extraits condensés au maximum.

Mais ce sont les évêques qui constituent de beaucoup la plus précieuse source de renseignements du Vatican.

Ils sont plus de 1.400 répartis dans toutes les parties du monde, à acheminer des rapports périodiques sur toutes les questions qu'ils estiment susceptibles d'intéresser le Saint-Siège. Les archevêques et évêques, les vicaires apostoliques viennent demander au Pape une audience privée aumoins une fois tous les cinq ans.

---

[3] Tout cela bien entendu au nom de la séparation des pouvoirs et du respect de la liberté de chacun1 et de la non- ingérence du spirituel dans le temporel (C'est moi qui commente)

Chaque visiteur doit fournir sur son diocèse un rapport répondant à un certain nombre de questions précises et constituant un exposé détaillé de la situation spirituelle, sociale, matérielle, politique et ecclésiastiqueduclergé et des fidèles. Les informations sont d'une extrême exactitude surtout pour tout ce qui concerne les sentiments et l'opinion des populations. Au contraire des diplomates, les évêques vivent au contact, au milieu des gens issus de toutes les couches sociales et ont des entretiens avec les prêtres qui, placés sous leur autorité, les tiennent informés des plus légères modifications de l'opinion publique. Un des principaux avantages du Vatican sur les gouvernements temporels consiste dans le fait que, là même où ces derniers sont astreints à une ligne de conduite déterminée en étroit rapport avec des intérêts trop faciles à discerner, la politique vaticane, elle, ne se prête pas à une définition aisée » (p.75 à 86).

Carlo Falconi, historien du catholicisme né à Crémone en 1915, définit précisément le rôle et la puissance du Pape dans son livre Silence de Pie XII publié aux éditions du Rocher :

« Selon la théologie catholique, le Pape, en tant que vicaire du Christ, est le chef visible de l'Eglise, un monarque absolu disposant d'une juridiction pleine, universelle et immédiate, sur tous ses membres : évêques, prêtres et fidèles. A partir d'une telle autorité illimitée, son rôle prééminent est celui de maître, c'est- à-dire de gardien et d'interprète d'une part, de diffuseur, de l'autre, des vérités dogmatiques et morales contenues dans le dépôt de la Révélation. En cette qualité, il est protégé et garanti par un privilège personnel exceptionnel, celui de l'infaillibilité, qui lui permet de prémunir l'Eglise contre toute déviation. Le Pape est en outre le législateur, le juge et le recteur suprême de toute la communauté ecclésiastique. Dans ces dernières fonctions, il n'est pas infaillible ; cependant, ainsi que le proclame le Concile du Vatican n°I, pasteurs et fidèles de tous rites et en tous temps, individuellement et dans leur ensemble sont tenus à l'"obligation de la subordination hiérarchique et de l'obéissance véritable, non seulement en matière de foi et de morale, mais aussi en ce qui concerne la discipline et le gouvernement de l'Eglise.

Enfin, toujours selon l'ecclésiologie catholique, le pouvoir pontifical est absolument autonome, c'est- à- dire non seulement indépendant de tout pouvoir terrestre, mais supérieur à tout autre : en somme suprême, au sens absolu du mot. En effet, société parfaite comme l'est l'Etat, l'Eglise dépasse ce dernier par la prééminence de sa fin.
Et puisque, en raison de sa catholicité, ou de son universalité potentielle, qui lui fut attribuée par le Christ comme don essentiel, elle dépasse même l'ensemble de tous les Etats ou toute organisation internationale éventuelle, le Pape est l'autorité suprême de la terre dans l'ordre de l'esprit ».

N'est-ce pas là la définition du pouvoir absolu ?

Un pouvoir absolu, établi à partir d'un postulat auquel croient les catholiques et qu'ils veulent imposer aux autres « attribué par le Christ comme don essentiel ».

Mais que cela signifie-t-il pour moi ? Rien.
« Le Pape est l'autorité suprême de la terre dans l'ordre de l'esprit ».
Cette affirmation engendre les questions suivantes :

- si le Pape représente l'autorité suprême dans l'ordre de l'esprit, puisqu'il a eu connaissance de la destruction des juifs, pourquoi ne l'a-t-il pas condamnée ?

S'il a effectivement marqué son désaccord sur Je racisme nazi dans son encyclique M it brennender Sorge, pourquoi ne pas avoir été aussi violent dans sa condamnation de l'hitlérisme que dans celle du communisme ?

Après avoir décrit, pour mieux en faire comprendre l'"organisation et l'efficacité, le fonctionnement du gouvernement de l'Eglise et par là réaliser la puissance de son action dans le domaine politique, il faut aussi savoir quelle fut sa responsabilité dans la manière dont elle se comporta directement vis-à-vis des Juifs non pas seulement par les mesures prises au cours des siècles mais par la façon dont elle a agi diplomatiquement.

Si l'Eglise n'avait pas, tout au long des siècles, utilisé l'enseignement du mépris vis-à-vis des juifs comme un moyen d'affirmer sa prééminence, si cet enseignement du mépris n'avait pas créé, maintenu et développé l'antisémitisme - lequel a apporté massacres directs ou indirects d'êtres humains qui n'avaient que leur état de juifs pour être « coupables » -je ne m'inquiéterais pas des causes qill ont motivé son attitude devant la barbarie nazie.

Si l'Eglise ne se considérait pas comme prééminente sur l'Etat, sa responsabilité ne serait pas engagée.
 Mais il se trouve, qu'aussi bien directement vis-à- vis des juifs que vis-à-vis de certains Etats, elle a eu une attitude d'engagement dans le dernier conflit - ainsi d'ailleurs que dans le précédent.
Le Pape n'a-t-il pas déclaré qu'il n'entrerait pas dans les « controverses purement temporelles et dans les compétitions territoriales des Etats » (Pie XII, *encyclique Summi pontificatus*, 20/10/1939) mais que ses préoccupations allaient sur de tous autres dangers « nouveaux et incommensurables » liés à

l'apparition sur l'horizon de l'Europe Chrétienne, de « d'ombre sinistre, chaque jour plus menaçante et plus proche, de la pensée et des actes des ennemis de Dieu » (Pie XI, *encyclique Urbi arcano Dei*, 23/12/1922).

Son inquiétude légitime comme chefreligieux ramenait donc à juger le conflit germano-alliés moins grave que l'avancée des troupes communistes en Pologne. Il était là dans son rôle : son ennemi, l'ennemi de l'Eglise catholique c'était le communisme athée.

Il est écrit dans l'encyclique Divini Redemptoris sur le communisme athée (19 mars 1937 - Maison de la bonne presse Paris 1939) :

« L'ancien tentateur n'a jamais cessé, par ses promesses fallacieuses, de tromper le genre humain. C'est pourquoi, au cours des siècles, on a vu les bouleversements se succéder jusqu'à la révolution actuelle, qui est déjà déchaînée ou qui devient sérieusement menaçante presque partout, peut-on dire, et dépasse par l'ampleur et la violence ce qu'on a éprouvé dans les persécutions antérieures contre l'Eglise.

Des peuples entiers sont exposés à retomber dans une barbarie plus affreuse que celle où se trouvait encore la plus grande partie du monde à la venue du Rédempteur.

Ce péril si menaçant, vous l'aurez compris, c'est le communisme bolchevique et athée, qui prétend renverser l'ordre social et saper jusque dans ses fondements la civilisation chrétienne, (pages 3-4) Pareille doctrine, une fois admise, serait la ruine complète de tous les droits, des institutions, des propriétés et de la société humaine elle-même. Notre Prédécesseur, Léon XII, dans son encyclique Quod Apostolici muneris définissait le communisme « Une peste mortelle qui s'attaque à la moelle de la société humaine et qui l'anéantirait » (encyclique du 28/12/1878 - page

5) ».

Il ajoute, un peu plus loin, après avoir exposé la doctrine communiste :

« De plus, la diffusion si rapide des idées communistes s'explique par une propagande vraiment diabolique, telle que le monde n'en a peut- être jamais vue : propagande dirigée par un centre unique et qui s'adapte habilement aux conditions des différents peuples ; propagande qui dispose de grands moyens financiers, d'organisations gigantesques, de Congrès internationaux.

Un troisième facteur contribue largement à la diffusion du communisme, c'est la conjuration du silence dans une grande partie de la presse mondiale non catholique. Nous disons conjuration, car on ne saurait expliquer autrement le fait qu'une presse aussi avide de commenter les divers incidents de la vie quotidienne ait pu si longtemps garder le silence au sujet des horreurs commises en Russie, au Mexique et dans une grande partie de l'Espagne, qu'elle parle relativement peu d'une organisation mondiale aussi vaste que le communisme dirigé par Moscou. Cette conjuration est favorisée par diverses organisations secrètes, qui depuis longtemps, cherchent à détruire l'ordre social-chrétien (page 12) ».

Un peu plus loin est soigneusement décrite l'atrocité des massacres de prêtres et de chrétiens en Russie, au Mexique, en Espagne.

S'il y a entre la chrétienté et le communisme des différences idéologiques et des oppositions doctrinales et si je comprends bien que le Vatican ait condamné le marxisme dès la fin du XIXème siècle, le fait de parler, en 1937 précisément, de conjuration, d'organisations secrètes, du pouvoir obscur des médias non catholiques de l'époque, fait que ce document est chargé de sous- entendus et de non-dits qui le rendent confusément antisémite.

Quant au chapitre consacré aux Remèdes et Moyens il est écrit :

« La tâche la plus urgente, à l'heure actuelle, c'est d'appliquer énergiquement les remèdes appropriés et efficaces pour détourner la révolution menaçante qui se prépare ». (page 24). Quand les Allemands entrèrent en Pologne dix-huit mois après la publication de ce texte et se déployèrent face aux Soviétiques, ne se trouvèrent-ils pas dans la position décrite plus haut et la destruction de la communauté juive de Pologne n'avait pas la même importance que le détournement de « la révolution menaçante qui se prépare ».

Carlo Falconi écrit(op.dt.):

« Le Saint Siège fut parfaitement informé de tout ce qui arrivait en Pologne, du premier jour de l'invasion du pays au dernier jour de l'occupation.

Les nouvelles arrivaient soit par la nonciature de Berlin, soit par l'ambassade de Pologne auprès du Vatican, soit par le chemin des évêques, soit par des courriers pontificau.x, réguliers ou extraordinaires.

Grâce à tous ces canaux, le Saint Siège a pu connaître non seulement la situation de l'Eglise mais celle du pays, dans chaque secteur, depuis le massacre des populations (et spécialement des classes dirigeantes) jusqu'aux pillages, depuis l'émigration imposée aux habitants jusqu'à la destruction raciale des Juifs ».

Il ajoute :

« Il ne serait nullement difficile de retrouver les traces de cette parfaite information dans certaines polémiques de J'Osservatore Romano rares, pour d'autres motifs, mais significatives. Il serait également aisé de faire la contre-épreuve à partir de ce qu'ont reconnu de hauts prélats romains. On sait, par exemple, que dans l'été de 1941, le cardinal Maglione a dit en confidence :« Si l'on se laissait emporter par le sentiment de douleur et de révolte que suscitent de telles erreurs, on le ferait bien volontiers ».

Mais déjà le 10 juin 1940, dans sa fameuse lettre au cardinal Suhard, le cardinal Tisserant n'avait-il pas écrit :
« L'Allemagne et l'Italie s'emploieront à la destruction des habitants des régions occupées comme elles l'ont fait en Pologne ».

Et au début de mars 42, le même prélat devait dire au représentant du gouvernement oustachi auprès du Vatican
« qu'en Pologne, plus de quatre millions de personne sont mortes tant de faim que de froid ».
Il savait même qu'en Pologne sévissait le typhus, mais que les Allemands, ayant besoin de leurs médecins pour le front russe, négligeaient la population civile.
Du reste la situation polonaise était également bien connue de certains épiscopats, anglais et américains spécialement, qui, non seulement en parlèrent en public (comme le cardinal Hinsley, de Westminster, à la B.B.C) et cherchèrent à mettre au courant le Vatican, mais encore protestèrent vivement auprès du Saint-Siège en raison de son silence.

Mais pourquoi accumuler les preuves indirectes alors que les preuves directes surabondent, c'est-à-dire les nombreuses phrases de Pie XII, même si elles n'ont généralement qu'un caractère privé ?
Publiquement, Pie XII n'a révélé se trouver au courant qu'une fois la guerre finie, dans son discours de juin 1945.

En privé, cependant, il n'a jamais caché qu'il connaissait parfaitement la situation en Pologne :

• 25 juin 1941: Lettre au président de la République de Pologne : « A travers Nos expressions pleines de tristesse (du message pascal) vous avez pu reconnaître, mon très cher Fils, que la situation actuelle de la Pologne Nous est bien connue, et que Nous sommes émus, d'une manière très spéciale, des difficiles conditions religieuses dans lesquelles se trouvent l'épiscopat polonais, le clergé et les fidèles »

• l"janvier1942:Lettre au cardinal Hlond:
« Ce que Vous N ous écrivez sur la situation du clergé en Pologne, à notre grande peine et notre infinie tristesse, Nous le savions déjà par d'autres sources d'information et Nous avions connu toutes les douleurs am:quel!es sont exposés les prêtres polonais qui vivent dans les conditions du conflit mondial et sous les menaces ».

• 30 mai 1942 : Lettre au cardinal Hlond :

« Nous connaissons exactement et subissons douloureusement le contrecoup de l'actuelle et déplorable situation de la Pologne, frappée de tant d'horribles malheurs, et supportant sans plier toutes sortes de persécutions et de coups ».

• 11janvier 1943 :Lettre au cardinal Hlond :
« Nous connaissons bien la pénible situation du très cher peuple polonais, ainsi que les douloureux événements auxquels ilest exposé ».

• 16février 1943 : Lettre au Président de la République de Pologne :
« Dans le message que Vous Nous avez envoyé par Votre ambassadeur, Vous avez voulu attirer encore une fois Notre attention sur la situation dans laquelle se sont trouvés Nos chers

fils de Pologne, en raison des circonstances actuelles, quoique Vous sachiez bien d'autre part, que parmi les faits que Vous Nous exposez et les douloureux sentiments que Vous éprouvez, il n'y en ait pas un seul qui Nous soit inconnu. Dans la douloureuse situation générale, chaque jour arrive à Nos oreilles un écho douloureux de tous les maux qui frappent l'humanité ».

Mais Pie XII s'est tu.
C'est ce silence qui a, le plus, fait crier au scandale.
L'explosion de folie homicide s'est étendue à tous les pays occupés : on avait vu déjà à la fin de l'année 1941 des centaines de milliers de juifs et de prisonniers russes massacrés par des « Einsatzgruppen » sur les arrières de l'armée allemande, des dizaines de milliers de S erbes étaient tombés en Croatie, 200.000 à 300.000 juifs avaient été massacrés en Bessarabie et en Bucovine et autant déportés en Allemagne, et au début de 1942 avait commencé en Pologne l'élimination en masse.
Pie XII qui semblait s'être décidé se retint d'intervenir contre ces crimes parce qu'il craignait que les Allemands, après la guerre, n'aient à lui reprocher de les avoir frappés dans le dos.

Et pourtant à la fin de 1941, alors qu'on ne pouvait plus mettre en doute que les Allemands cherchaient à anéantir la Pologne, alors qu'on avait commencé à transférer en masse les Juifs (1941, c'est l'année des fameux statuts des juifs dans la France de Vichy et dans la Slovaquie de Mgr Tiszo), alors qu'en Croatie des centaines de milliers d'orthodoxes serbes commençaient à tomber pour des raisons d'intolérance religieuse autant que raciale, Pie XII dans son message radiodiffusé de Noël ne trouvait que stupéfiante et déplorable la persistance de certaines entraves à l'action de l'Eglise catholique :
« Il Nous paralt inexplicable, qu'en certaines régions, des dispositions multiples fassent obstacle au message de la foi

chrétienne alors qu'elles accordent un libre et vaste passage à une propagande qui la combat ».

N'est-ce pas là un exemple de plus de l'indifférence de l'Eglise face aux problèmes qui ne la concernent pas ?

Mais en 1942 et surtout dans la seconde moitié de l'année, la situation avait changé : débarquement allié en Afrique du Nord, bataille d'El Alamein, fixation du front russe sur le plan militaire , l'heure la plus dramatique de l'histoire des soldats de Hitler, au moment où ils tombaient en masse sous les murs de Stalingrad.

Quant à la période qui suivit, il est hors de doute que Pie XII a été paralysé par le drame de l'avance communiste, et même après l'entrée des Alliés à Rome, le 4 juin 1944ilne se résolut pas à condamner l'Allemagne dont les soldats s'opposaient désespérément à l'avance irrésistible des armées rouges.
Sa préoccupation était d'assurer à l'Eglise, dans toute l'Europe, la possibilité de survivre, et avec des forces suffisantes pour influer dans l'après-guerre, d'une manière décisive, sur l'avenir du continent et du monde entier.

Cette attitude est en parfaite cohérence avec la politique suivie tout au long de son histoire par l'Eglise catholique. Elle a été poursuivie dans l'après- guerre.
L'Eglise a participé grandement, en Pologne d'abord et dans tout le reste de l'Europe sous domination communiste, à la lutte contre la menace soviétique.
La chute du mur de Berlin et l'effondrement du monde communiste (par les peuples désireux de se libérer de l'oppression) montrent bien la réussite de cette démarche.

Qu'il me soit permis de montrer ici la parfaite concordance qu'il y a entre cette attitude et celle d'un chef d'Etat confronté à une situation identique : n'est-ce pas pour assurer à la France sa possibilité de survivre avec des forces suffisantes pour influer dans l'après-guerre que de Gaulle, à la Libération, de même que ses successeurs, n'ont jamais ouvert, au nom de la raison d'Etat, le véritable dossier de la collaboration et n'ont jamais, avant le Président Chirac, voulu reconnaître la responsabilité de l'Etat dans la politique antisémite de Vichy, de la déportation et de la mort de ceux qui en furent les victimes.

A l'appui de mes dires et s'il en fallait une preuve supplémentaire, j'apporterai au dossier l'article dans *Le Monde* daté du l"novembre 1997 et signé Henri Tincq (envoyé spécial du quotidien à Rome) et reproduit avec l'aimable autorisation du « Monde » :

« Une soixantaine d'historiens, de théologiens et d'experts sont réunis au Vatican du 30 octobre au l"novembre pour un symposium sans précédent dans l'histoire de l'Eglise.

Ils examinent les sources de « l'antijudaïsme » chrétien (terme préféré par sa dimension religieuse, à « antisémitisme »), c'est-à-dire « les préjugés et les lectures pseudo-théologiques » qui ont « servi de prétexte aux vexations injustifiables dont a souffert le peuple juif », selon les termes de !'organisateur de ce symposium, le dominicain suisse Georges Cottier, théologien personnel du pape.

Des préjugés, ajoute-t-il, dont les conséquences furent catastrophiques. « Ils ont étouffé toute capacité de réaction quand a déferlé sur l'Europe l'antisémitisme, de nature païenne et aussi antichrétienne, du national-socialisme ».

Jamais l'Eglise catholique n'était allée aussi loin dans l'examen

de conscience que le pape a souhaité faire, avant l'an 2000, pour
« pour purifierla mémoire » des pages les plus sombres de
l'histoire deux fois millénaires du christianisme. Dans le même
esprit se tiendra, en 1998, un symposium sur !'Inquisition.
Celui sur « l'antijudaïsme » a lieu à huis clos, et réunit les
meilleurs spécialistes dont, pour la France, Paul Beauchamp,
exégète, Bernard Dupuy et Jean Dujardin, ancien et actuel
secrétaire de !'épiscopat pour les relations avec le judaïsme.
Six protestants et catholiques y participent. En revanche aucun
historien ni théologien juif n'est présent. Pour le Père Cottier «
cet examen concerne la conscience chrétienne et il est de la
compétence des théologiens chrétiens ».

Ce symposium ne traite pas de la Shoah, mais de ce qui, à
travers deux mille ans d'enseignement et de tradition chrétienne,
a pu contribuer à « créer une atmosphère dans laquelle
'!Holocauste, dont l'énormité semblait impossible à concevoir,
est devenu possible », comme dit Rémi Hoeckmann, secrétaire
de la commission vaticane pour les relations avec les juifs.
Cependant les participants n'ignorent pas que leurs travaux
contribueront à la rédaction du futur document de Jean Paul II
sur la Shoah. A Rome on estime que ce document verra le jour
avant 1999. Aujourd'hui sous la loupe des experts, les lectures
antijuives du Nouveau Testament sont connues au moins depuis
le concile Vatican II (1962- 1965), et ont été en partie rectifiées.

Mais il reste beaucoup à faire pour passer de « l'enseignement
du mépris » à «l'enseignement de l'estime » du peuple juif.
L'intérêt de ce colloque est donc de tailler, dans l'épaisse forêt
des textes chrétiens, tout ce qui a pu conduire à la persécution
des juifs, mais surtout d'inverser les rapports entre judaïsme et
christianisme, c'est-à-dire de mettre en valeur ce qui, dans le

Nouveau Testament, invite au respect du peuple juif. L'intervention du pape était attendue pour vendredi. Dans son discours le pape a déploré « des interprétations erronées et injustes du Nouveau Testament, relatives au peuple juif et à sa prétendue culpabilité », ces erreurs « ont engendré des sentiments d'hostilité à l'égard de ce peuple et contribué à assoupir bien des consciences, de sorte que, quand a déferlé sur l'Europe la vague des persécutions - à côté de chrétiens qui ont tout fait pour sauver les persécutés jusqu'au péril de leur vie - la résistance spirituelle de beaucoup n'a pas été celle que l'humanité était en droit d'attendre de la part de disciples du Christ ».

Le pape insiste : « L'antisémitisme est sans justification aucune et absolument condamnable».

C'est à une révolution mentale que le pape invite ses fidèles et cette révision ne fait pas l'unanimité : « Le jour où les Polonais comprendront que la « reine de Pologne ». (Marie) était juive, il y aura moins d'antisémitisme et un progrès dans la théologie chrétienne ».

Mais quand cette « révolution » sera-t-elle possible ? Maintenant peut-être.

Pourquoi maintenant ? Parce que Jean-Paul II a enfin contribué, par le rôle capital qu'il y a joué, à triompher du communisme. Bernard Lecomte, dans un livre qu'il consacre à cette lutte, *La Vérité l'emportera toujours sur le mensonge* (J.Lattes Paris 1994), décrit avec force détails comment le Pape a galvanisé les hommes, comment ses discours ont introduit la subversion dans les sociétés communistes.

A la lecture de ce livre on se met à penser à ce qui aurait pu être si une même énergie s'était manifestée dans la lutte contre le nazisme.
Cela est bien l'aveu de complicité d'assassinat pour non-assistance à personnes en danger. Cela est aussi la reconnaissance de la justesse du combat mené par Jules Isaac.

Pourquoi cette reconnaissance est-elle possible maintenant et pourquoi ne l'était-elle pas « avant » ?

Comme je l'ai dit déjà, parce que, en 1997, d'une part aucune menace grave ne pèse plus sur le catholicisme et il est donc possible de modifier la stratégie sans risque aucun, et d'autre part cette manœuvre peut lui être utile, dans ce nouveau contexte, pour lui permettre, grâce aux sympathies qu'elle va développer, à lui faire « gagner des parts de marché » dans la compétition internationale)l'emploie, en souriant, cette formule que je trouve tout à fait adaptée à la modernisation des méthodes.
De plus la menace même que faisait peser la population juive d'Europe centrale, et de Pologne en particulier, a disparu, « partie en fumée ».
N'oublions pas ce que cette communauté bouillonnante d'idées, de talents divers, de contestation exacerbée a apporté à l'évolution des mentalités et par son action a constitué une menace pour l'ordre établi. Si le Vatican reconnaît que l'Eglise est coupable d'avoir contribué à « créer une atmosphère dans laquelle l'Holocauste, dont l'énormité semblait impossible à concevoir, est devenu possible » comme le dit Rémi Hoeckmann, j'accuse, de ce fait, la chrétienté de complicité de crime contre l'humanité.

Je lis dans Le Monde daté du 28 mars 2000 l'article intitulé La force de Jean Paul II : « En faisant repentance à Yad Vashem, et devant le Mur, pour les torts commis au nom de la foi chrétienne, Jean Paul II s'est attaqué aux racines d'une ignorance qui a conduit à l'horreur indicible des camps. Il l'a fait en tant qu'évêque de Rome (discours de Yad Vashem), c'est-à-dire en engageant toute son Eglise ».

C'est donc bien qu'il a reconnu la véracité des accusations lancées contre l'Eglise et peut-être toute la lumière sera-t-elle faite sur le rôle de Pie XII pendant la guerre.
Le maintien de l'ordre auquel est profondément attachée l'Eglise est une tâche à laquelle se sont attelées toutes les religions. C'est, je le répète, leur raison d'être. Maintenir l'ordre c'est répondre aux angoisses des hommes et ensuite faire de ceux-ci des adeptes d'une morale dont le but est de maintenir la vie en société le plus paisiblement possible afin de conforter l'ordre établi ; l'ordre établi c'est la domination d'une élite, les guides, sur la masse plus ou moins ignorante.

Cette stratégie a comme corollaire la lutte constante menée contre l'ennemi, celui qui menace l'ordre établi, soit une autre religion (les Croisades contre les Infidèles), soit un régime politique non inféodé à sa toute puissance (la Révolution française), soit le communisme.
Curieusement je relève dans Le Monde daté des 28-29 Mai 1995, un article intitulé « Libération poursuivi en diffamation par l'Eglise orthodoxe serbe » :
« L'article considéré comme diffamatoire date du 12- 10-1994. Il s'agit d'une analyse signée Hélène Despic- Popovic qui a vécu une vingtaine d'année dans le pays avant d'en être expulsée pour sa trop grande curiosité professionnelle et qui écrit : L'église a

fini par cautionner le nettoyage ethnique. Je n'accuse pas l'Eglise d'avoir commis des crimes, mais de soutenir un régime qui, lui, a du sang sur les mains ».

C'est bien la collusion entre pouvoir politique et pouvoir religieux qui est dénoncée et c'est bien parce qu'elle l'a fait que la journaliste a été expulsée et c'est parce que le journal en fait état qu'il est attaqué pour diffamation. La tactique est d'utiliser tous les moyens pour parvenir au but fixé ,maintien de l'ordre social, de la hiérarchie et de la prééminence de la diffusion d'une certaine vérité, celle que détient le « représentant de Dieu sur terre ».
Cette vérité étant incontestable, elle doit être incontestée : ceux qui s'y opposent sont les ennemis de Dieu et donc les ennemis tout court, et ne méritent pas de vivre.
Les Juifs n'ont-ils pas été les responsables de la mort de Jésus ? Mais si bien sûr, et ils ont été condamnés à payer tout au long des siècles pour cette faute : c'est la justice divine qui s'exerce et c'est donc la preuve qu'elle existe. CQPD.
La religion est l'opium des peuples mais cet opium est à la fois demandé, recherché, désiré et souhaité et aussi imposé de façon subtile.

Pourquoi ne pas reprendre le texte de la conférence donnée par Jules ISAAC *L'antisémitisme a-t-il des* racines chrétiennes ? (Ed. Fasquelle 1960) : « Quand on observe l'ensemble du fonctionnement du système occidental, que l'on perçoit une partie seulement de ses contradictions, de ses anomalies, de ses excès, des frustrations imposées à une majorité d'individus, aux contraintes matérielles, morales, intellectuelles qui pèsent lourdement sur chacun d'entre nous et que peu d'entre nous trouvent insupportables, on ne peut que se poser la question de savoir « mais pourquoi ? et aussi « mais pour qui?»».

Ce n'est pas la politique qui fait l'histoire, mais c'est l'histoire qui fait la politique. Mais l'histoire, c'est la géographie, la météorologie, l'économie,.et la pulsion fondamentale de l'homme :l'instinct de domination.
Comment dominer et pourquoi ?
L'histoire ne s'écrit pas et surtout elle ne se fait pas au premier degré c'est-à-dire à partir d'un seul fait, d'une seule action sortie d'un contexte et sans arrière-pensée consciente ou inconsciente.

Nos actions sont dictées par la culture que nous avons reçue et par notre désir propre d'accorder nos croyances à nos actes et nos actes à nos croyances, sans nous demander si lesdites croyances ne sont pas à remettre en question.
Nous avons reçu une éducation au sein de la famille et son complément à l'école, mais à quelle école ? Celle qui est mise en place par le système dans lequel nous sommes intégrés.
Nous sommes souvent capables de percevoir les instruments de propagande, de manipulations qui sont utilisés soit à notre intention soit à celle de proches. Pourquoi ne sommes-nous pas capables de réaliser que l'Education nationale républicaine, comme l'enseignement de n'importe quelle religion ne poursuit qu'un objectif : faire des élèves, futurs adultes, de bons « soldats ».

Qu'est-ce qu'un soldat ? « à la solde de » la patrie, la société, l'idéologie dominante ou de l'idéologie qui aspire à la remplacer ...
A laquelle, le plus naturellement adhère-t-on ? A celle qui nous gêne le moins au dedans de nous, qui est le plus en rapport avec

ce que l'on a reçu, et là on tourne en rond.

Si on considère que l'Europe occidentale, depuis 2.000 ans, vit dans un contexte, une culture qu'il est convenu d'appeler judéo-chrétienne pour ne gêner personne, mais qui est plus chrétienne que juive, on peut donc considérer que les hommes du présent sont bien imprégnés d'idées répétées au cours des générations, et notamment celle de l'espoir d'un monde meilleur sur terre, un jour, par rarrivée du messie, ou au ciel, après la mort et le jugement divin, s'il est favorable.

Comment donc obtenir les faveurs sinon en se conformant strictement aux observances enseignées :éviter le péché et si on a péché s'en repentir en confession, être charitable autant qu'on le peut et pardonner à ceux qui nous ont offensés comme nous demandons leur pardon à ceux que nous avons offensés ... et suivons les bons bergers qui nous conduisent dans la bonne voie.

La méthode s'est avérée tout particulièrement efficace car si quelques soubresauts ont, de temps à autres, troublé le calme relatif qui régnait (Révolution française par exemple) tout est rentré dans l'ordre, toujours.

Certes apparemment, il y a eu des changements, mais observons non pas ce qui parait, mais ce qui est.

Contre la dictature de cet ordre moral ily a eu la levée de l'étendard républicain et l'espoir d'un avenir meilleur. C'est à Napoléon lcr, « sacré » Empereur des Français, qu'il a été donné de ramener l'ordre ancien, habillé autrement.

Contre cet ordre ancien un autre concept fondamental de la philosophie politique, celui de Hegel, est le concept de liberté.

Le droit, entendu comme l'ensemble des lois, est un premier pas sur le chemin de la liberté, mais il est trop abstrait, et considère les hommes sans tenir compte de leur personnalité propre. Aussi doit-il être complété par la moralité individuelle, sphère où l'individu se détermine en fonction de sa conscience. Cependant on ne peut nier le danger de division et d'éparpillement que comporte la moralité. C'est donc à la société, à la raison qui s'extériorise en elle, et non à la subjectivité, qu'il faut demander les règles de la conduite.

Le contenu du devoir est donné par l'insertion de l'individu dans « l'ordre éthique », il est déterminé par ces maximes à la fois universelles et concrètes que donnent les sociétés à leurs membres. Les règles d'action sont apportées par la famille, la société civile, et par l'Etat, synthèse suprême.
La pensée hégélienne fit époque et domina la vie philosophique allemande sans être comprise de la même façon.

Avec Karl Marx (1818-1883) le matérialisme de la gauche hégélienne devient « pratique » et historique. Il se désigne comme un hégélien retourné. Pour lui, le monde n'est pas un complexe de choses achevées, mais de processus où les choses ne cessent de se transformer en vertu d'un mouvement qui se fait par opposition de forces opposées et par résolution de cette tension. L'évolution de l'humanité est déterminée par l'opposition de l'homme et de la nature, par le conflit de l'individu et de la société, et surtout par la lutte des classes. Tout le cours de l'histoire dépend finalement de l'infrastructure économique : l'ensemble des modes de production de la vie matérielle, la nat ure et !'état des forces productrices forment la base réelle du devenir historique.

En changeant leur mode de production, leur manière de gagner leur vie, les hommes changent tous leurs rapports sociaux. Et l'être social de l'homme déterminant sa conscience, tous les aspects de sa vie culturelle sont fonction de ces transformations. De ce point de vue, la philosophie, la religion, l'art, la politique n'ont plus d'autonomie. Même si les superstructures ou les idéologies ne sont pas inopérantes, leur action demeure dans la dépendance du facteur économique.

C'est presque là une nouvelle religion face aux autres. Et qui, elle aussi, cherchera à étendre son influence pour imposer sa domination.

Pourquoi cette recherche, pourquoi ces retours sur le passé alors que je suis plus inquiet de l'avenir, pourquoi suis-je tenté par cet ultime « devoir » ?

Parce que tout au long de ma vie d'adulte j'ai cru. Croyance profonde, foi : j'en ai hérité de ma Mère.

Elle, comme moi, était persuadée qu'avec le temps, des explications sans cesse renouvelées, des redites certes mais peu importe, la vérité triompherait, la « raison raisonnable et raisonnante » prendrait le relais et un homme nouveau aiderait à fonder un monde nouveau.

Ie me souviens des longues heures passées seul au milieu des vaches que j'étais chargé de surveiller dans les prés alors que j'étais dans l'Aveyron, heures durant lesquelles je pensais et réfléchissais à l'instauration de cette ère nouvelle qui ne devait pas manquer d'arriver après la Libération.

Cette période d'après-guerre devait voir le triomphe de la raison car il ne pouvait en être autrement. Les hommes avaient vécu, souffert, enduré une période d'obscurantisme qui les avait conduits à la catastrophe, à l'effondrement de la société dans laquelle ils avaient vécu, pas seulement en France, mais presque dans tout le Monde. Les valeurs auxquelles ils avaient fait référence pour exister jusqu'alors avaient montré qu'elles étaient fausses puisque des fléaux tels que le nazisme avaient engendré des maux qui allaient au-delà des repères de l'homme.

Il me semblait donc évident, certain, que, comme moi même, les autres avaient compris et que, dès la liberté retrouvée, la totalité des humains se rallierait à cette idée que seul désormais, le savoir devait triompher de l'intérêt particulier, du désir de domination, de l'exclusion, du refus de l'autre, du mépris, et que la nouvelle société serait construite sur des bases totalement démocratiques où seules les aspirations des masses devaient être prises en compte et non les intérêts particuliers ou ceux de catégories sociales, religieuses, professionnelles.
Donc, il fallait expliquer, faire comprendre à ceux et à celles qui n'en n'avait pas eu les possibilités - donc ilfallait s'y préparer afin que, le moment venu, les changements se fassent calmement, sans heurts mais aussi fermement, sans faiblesse vis-à-vis de tous ceux qui s'étaient engagés dans la collaboration avec l'ennemi.

L'ennemi n'était pas !'Allemand mais le Nazi et tout ce qui y était rattaché, et tout ce qui avait permis qu'il soit.
Tout ce qui avait permis qu'il soit, c'était justement ce que je tentais de savoir pour le comprendre et donc de le faire savoir.
Mais j'étais seul, et sans rien ou presque, la Nature était ma compagne et je me livrais à elle à défaut d'autre interlocuteur.
Et aujourd'hui, soixante-dix ans après, j'ai toujours le sentiment d'être aussi seul. Non pas que d'autres comme moi, ne recherchent pas ce que je cherche, mais sans lien avec eux sinon à travers leurs écrits.C'est ainsi, je crois, que je terminerai ma vie et ce sera l'un de mes plus grands regrets.
Je mène une lutte sans espoir contre une espèce d'obscurantisme

que je qualifierai de fondamental parce qu'il se développe en nous dès que nous sommes soumis aux pressions de notre environnement.

Comment ensuite, lutter et triompher surtout de ces croyances qui viennent modifier la vision que nous pouvons avoir ? Nos oreilles, nos yeux sont, dès lors que nous pouvons entendre et voir, façonnés d'une certaine façon.

La musique, la langue parlée par nos géniteurs font déjà que nous sommes impressionnés et que ces impressions sont différentes de celles reçues par un enfant né au même moment mais dans un autre pays, et à plus forte raison sur un autre continent.

La différence d'environnement visuel vient ensuite ajouter une autre différenciation. Tous nous sommes des hommes, mais tous nous sommes différents. Dès lors, pourquoi ne pouvons-nous pas en être persuadés et pourquoi voulons-nous que les autres nous ressemblent, vivent comme nous, pensent comme nous ? Pourquoi voulons-nous imposer nos façons de faire et d'être alors même que nous nous refusons avec la dernière énergie à adopter ce que les autres à leur tour tentent de nous imposer ?

Par contre, nous considérons vraies les façons de vivre, de penser, d'agir, d'être dont nous sommes imprégnés dès notre plus tendre enfance et le sachant, ou plutôt acceptant de Je reconnaitre, nous refusons d'admettre qu'à partir de là nous sommes façonnés, formés d'une certaine façon et que, par conséquent nous ne sommes plus libres. Et nous crions sur tous les toits « Liberté ! ».

Suis-je libre quand j'ai reçu l'éducation que mes Parents m'ont donnée, la religion qu'ils m'ont imposée ? Suis-je libre quand mes connaissances fondamentales m'ont été données sur les

bancs de l'école publique ou privée ?
Suis-je libre quand j'ai ensuite dû m'intégrer dans une société
civile, économique, régie par des normes qui me sont imposées
sans que jamais il me soit demandé de participer à leur
élaboration ?

D'abord parce que les règles existent depuis des siècles et que je
suis né dans un système qui s'est mis en place lentement,
sûrement, inexorablement par nécessité.
Dès que l'homme ne vit plus seul dans la Nature mais est
membre d'un groupe ou d'une société, ildoit se plier à certaines
contraintes, à des règles de vie, à une morale : ce qui est Bien ou
Mal a été défini arbitrairement certes mais l'est, donc iln'y a plus
de liberté.

Cela nous le savons tous. Pourquoi alors faisons-nous semblant
de l'ignorer, pourquoi vottlons-nous nous voir autrement que ce
que nous sommes ? Pour nous cacher la
réalitéounouscacherànous-mêmesetnepas avoir,unpeu ou
beaucoup, honte de nous ?
Nous vivons dans un monde qui se complexifie sans cesse, où
les centres de décisions se cachent de plus en plus et dans
lequel, nous, hommes, nous nous sentons de moins en moins
maîtres de nos destinées.Il ne nous reste, comme échappatoire,
qu'à en prendre conscience et à en tirer les conséquences.
Mais en prendre conscience c'est, à chaque instant, savoir que la
liberté qui nous est accordée est limitée et que nous ne pouvons
prendre notre destinée en main que si nous cherchons à passer
en dehors du fllet, et réussissons à nous échapper de la masse -
un peu comme un prisonnier qui cherche à s'évader. Il observe
avec soin l'environnement, se tient prêt à profiter de l'événement
qui peut se présenter et s'il se présente une occasion, il saute

dessus.

Cela me ramène à ma propre expérience, à la période de traque, de clandestinité. C'est aussi refuser de se livrer afin de ne pas être enchaîné.Position contradictoire puisque d'une part je cherche à dire et à faire entendre, et d'autre part, je me réfugie dans ma solitude.

Cette contradiction n'est qu'apparente, elle n'est que le résultat d'un échec, celui de ne pas avoir fait d'adepte ...
Comme si je cherchais moi aussi à créer un mouvement, un parti, une religion. Une religion, celle de ceux qui n'en n'ont pas. Mon ambition serait de montrer que l'humanité, les hommes, n'ont que faire de ceux d'entre eux qui meurent chaque jour du fait de guerres, de luttes fratricides, de sous-alimentation, d'accidents consécutifs à un développement de !'exploitation des ressources de la nature, et que pour ces mêmes raisons ajoutées à l'ambition de quelques-uns et à la puissance accumulée par quelques autres, les millions de morts dans le monde occidental durant la période 1914 - 1945 n'ont pas plus dérangé la conscience universelle, que tout ce qui s'est passé plus ou moins de la même manière au cours des siècles précédents et partout dans le monde.

Dans un article du Monde des Livres, daté du 3-03- 1995, reproduit ici avec leur amiable autorisation, et consacré à la critique d'un livre d'Yves Temon, L'Etat criminel – *Les génocides du XX'siècle*,Bertrand LeGendre écrit :

« Le XXème siècle est le siècle des génocides. D'autres massacres programmés ont frappé des groupes ethniques entiers, à toutes les époques et sous toutes les latitudes. Mais le siècle qui s'achève s'est surpassé. Juifs et Arméniens, Cambodgiens et

Tutsis ont payé de leur vie la faute d'être eux-mêmes. La faute d'être nés. Jamais l'homme n'aura eu une si haute idée de lui-même ,jamais il n'avait nié l'homme à ce point. A cette négation, qui récuse toute idée de progrès et de civilisation, Yves Ternon consacre un livre méthodique et informé, un livre qui se veut sans émotion pour mieux cerner son objet. On le referme épouvanté et perplexe, persuadé que le feu couve toujours, qu'il renaîtra ici ou là, demain ou plus tard. Désespéré de le savoir, honteux par anticipation.

Aux juifs et non-juifs qui voient dans la Shoah le génocide par excellence, au point, parfois, de vouloir confisquer le mot, il rétorque que s'il n'y a pas d'exemple d'une telle histoire, si la solution finale se situe au-delà de la compréhension, ce n'est pas une raison pour ne pas la resituer dans !'Histoire, pour ne pas la « penser ».

Il définit strictement le mot comme un crime commis par un Etat afin de détruire, partiellement ou totalement, un groupe en tant que tel, que ce groupe soit national, ethnique, racial ou religieux.

Le génocide, argumente Yves Ternon, est au vingtième siècle, le sinistre rejeton des noces noires du totalitarisme et de l'idéologie. L'un fournit le cadre, l'autre le mobile. Il y avait, par le passé, la religion. L'idéologie, selon lui, l'a remplacée comme nouveau dogme. Elle travaille aujourd'hui l'inconscient collectif, menaçant constamment le fragile rempart de notre surmoi. Elle désacralise la raison et le progrès, cette conquête des Lumières. Dans cette conception policière de l'histoire, l'autre devient « l'Autre » au point de vouloir l'anéantir ».

La modernité du génocide a un autre versant : la volonté de s'assurer le monopole du pouvoir au sein d'un espace donné. La conquête coloniale puis la décolonisation sont l'exemple même de ces moments de l'histoire où la fureur génocidaire trouve à se propager. Je regarde cette machine bien rodée qui tourne sans trop d'à coups et continue de fonctionner toujours sur les mêmes bases, avec les mêmes structures et qui avance depuis des siècles toujours dans la même direction malgré les difficultés rencontrées ici et là, et qui a, de temps à autres un raté - le dernier et le plus important de tous ayant été celui qui a duré de 1917 à 1989.

Quoi qu'il en soit, et malgré des dizaines de millions de morts pendant cette période rien ne change dans les structures matérielles et mentales et tout continue d'être comme si rien ne s'était passé. La machine est repartie à son rythme normal et se prépare, sans doute, à un nouveau bond en avant qui lui permettra de mieux maintenir l'ordre, qui lui permet de tourner et de tourner encore pour mieux asservir en douceur ou violemment ceux qui, bon gré mal gré, lui permettent d'aller toujours de l'avant et d'auto- développer des méthodes plus subtiles et plus indolores qui encore et encore anesthésient les désirs de liberté d'être et de penser que nous pouvons avoir. C'est en me servant de la période contemporaine (1917 à 1950) que je souhaiterais pouvoir rendre plus clairs, plus évidents ce système, cette « machination ».
Mais y arriverai-je jamais, en aurai-je le temps, la force ?
C'est le présent qui me rattrape et l'actualité me ramène à mon sujet : 19 Janvier 1995

La semaine est, à la télévision, riche en émissions consacrées au cinquantième anniversaire de la libération de certains camps de concentration et d'extermination. J'ai regardé ces émissions avec l'espoir d'en trouver une, enfin, qui traiterait le sujet comme je souhaite qu'il soit traité pour qu'enfin ceux qui ne savent pas, ne veulent pas savoir ou ne peuvent pas comprendre puissent commencer à réaliser.

Comme à chaque fois, l'événement est présenté - mais qu'est-ce qu'un événement hors de son contexte et si toutes les raisons qui le font être ne sont pas exposées. Il n'y a pas de hasard, iln'y a que des nécessités a dit Albert Jacquard. Les camps ne sont pas un hasard. Ils ne sont pas, non plus la conséquence de la décision d'un seul homme, Adolf Hitler. L'extermination d'un peuple n'a pas commencé au vingtième siècle, elle ne s'est pas, non plus, arrêtée en 1945.

« Bolchevisme et fascisme '" écrit François Furet, encore lui, dans Le Passé d'une illusion, « entrent presque ensemble sur le théâtre de l'Histoire ».

Je dirais que l'un est la conséquence de l'autre mais qu'ils sont l'un et l'autre des mouvements idéologiques destinés à promouvoir la domination d'une catégorie d'individus sur les autres.

« Ces deux mouvements sont, par défini tion aussi, opposés l'un à l'autre et ils sont l'un et l'autre, paradoxalement, opposés à la démocratie. En ce qui concerne le fascisme et plus précisément le nazisme, la construction d'une idéologie à base de hiérarchie raciale est un fondement de classification qui a entraîné une organisation de la société dans les territoires occupés par les Allemands au cours de la dernière guerre.

Cette organisation en remplaçant une autre, elle s'est imposée par la force à partir d'une définition de la domination allemande, conséquence de la supériorité de la race aryenne sur toutes les autres, slave, sémite, etc.

Les races inférieures doivent être au service de la race supérieure. Cet ordre doit s'imposer d'abord sur le territoire allemand et ils'en suit, tout de suite, le rejet des juifs par la terreur : on les force à partir en abandonnant leurs biens et pour ceux qui ne partent pas c'est l'internement dans des camps de concentration où on exploitera, jusqu'à ce que mort s'en suive, toutes leurs forces physiques. C'est la première phase.
La même méthode est appliquée en Autriche et en Tchécoslovaquie. Le problème se pose différemment quand la Pologne est envahie et occupée. La population juive y est importante et de plus l'entrée en guerre des Français et Anglais et la position géographique de la Pologne rendent impossibles les départs.

A partir de Juin 1940, l'effondrement de l'armée française et l'occupation de toute l'Europe de'!ouest, de même que la préparation de la guerre contre la Russie, entrainent une nouvelle organisation toujours sur les mêmes bases mais sur une autre échelle d'un système concentrationnaire développé :

• camps de prisonniers

• camps de concentration pour travailleurs

• camps d'extermination pour ceux qui ne « servent à rien »

A partir du déclenchement des hostilités contre la Russie et du nombre de prisonniers russes capturés, ce système bien rodé permet aux Allemands d'être soldats, aux sous-hommes d'être les pourvoyeurs de la fabrication des armes servant à amplifier la domination des seigneurs ».

L'un des objectifs des ordres religieux, du catholicisme dans l'Europe occidentale a été d'abord d'apaiser les tensions et d'établir un ordre en aidant, ou en s'aidant du pouvoir politique ; en le légitimant pour le rendre acceptable par ses adeptes et en s'alliant avec lui pour étendre sa puissance. N'oublions pas qu'il s'est d'abord étendu dans l'empire romain en pleine décomposition et qu'il a permis le rétablissement de la stabilité.

De la simple puissance dominatrice qui s'établissait sur la tribu, on est arrivé à la puissance dominatrice sur un peuple puis sur un groupe de peuples constituants des nations qui elles-mêmes dominèrent d'autres nations pour constituer des empires qui eux-mêmes étendirent leur puissance sur des continents et nous en sommes à peu près là aujourd'hui.

Mais comment une puissance peut-elle s'établir et se maintenir sur des milliers, puis sur de millions d'hommes sinon par la force ?

Les rivalités entre nations devinrent conflits entre groupes de nations dans des sphères géographiques qui allaient en s'élargissant.

On passait ainsi, tout au long des siècles, de guerres tribales à des guerres régionales puis à des guerres internationales pour arriver à des confli ts intercontinentaux. Le développement de la puissance de certaines nations fut tel que seul un certain nombre d'entre elles avait une réelle influence et dominait chacune une partie du monde.

Avant 1914, la Grande Bretagne d'abord, la France ensuite, avec leurs empires coloniaux, étendaient loin au- delà des mers, leur domination qni commençait à être battue en brèche par d'antres puissances dont les économies étaient en plein développement et dont les structures moins figées leur permettaient de s'adapter à la profonde mutation liée au développement considérable de !'industrie : les U.S.A, l'Allemagne et le Japon, également la Russie des Tsars - qui commençait à modifier ses structures.

En Europe, l'Allemagne devenait une nation menaçant l'hégémonie britannique. Alliée à l'Empire austro-hongrois, ce groupe de nations représentait une puissance industrielle qui concurrençait fortement la France et l'Angleterre qui s'étaient alliées pour s'y opposer.
Lentement mais sûrement les alliances se firent de chaque côté et le conflit qui ne pouvait être évité éclata au premier prétexte. On trouva d'un côté une puissance grandissante qui tentait de prendre la place qui semblait lui revenir, de l'autre deux nations s'arc- boutant sur *leurs* acquis pour tenter de *les* maintenir. Et commença la grande « boucherie » qui dura quatre ans et qui vit s'écrouler le régime tsariste, l'empire austro-hongrois, l'Allemagne, *mais* aussi grandir considérablement l'influence des Etats Unis.

A la fin de la guerre 14-18 l'édifice existant était ébranlé et ilallait se lézarder encore plus en raison des conséquences catastrophiques liées à la dureté des *combats* et à la prise de conscience qu'eurent, après les souffrances qui leur furent imposées, les combattants survivants et leur entourage.
En Russie le régime en place bascula, la révolution éclata et une nouvelle idéologie, le « communisme », enfanta un système de gouvernement autoritaire d'une part, *mais* porteur d'espoir d'autre part, qui modifia dans les années qui suivirent, la distribution des cartes en Europe d'abord.

Avec la signature du traité de Versailles, le découpage de l'Europe établi par les Alliés vainqueurs, le démantèlement de l'Allemagne et les réparations qu'elle dut supporter, la paix, « construite » par !'Angleterre et la France, était mal assurée - et ce d'autant plus que les U.S.A ne tenaient pas à se mêler des affaires européennes, trop occupés qu'ils étaient à conforter leur prééminence grandissante d'une part, et à faire face à des difficultés intérieures d'autre part.

Des Altemands se laissèrent séduire, mais aussi des Italiens, des Espagnols, des Français : le communisme leur paraissait une réponse aux défis qu'ils entrevoyaient.
Cette menace alla grandissant, s'étendit en Europe et gagna les autres continents. Je crois qu'il n'en est pas de meilteure prise de conscience que la lecture de l'encyclique Divini redemptoris du pape Pie XI publiée le 19 mars 1937. (*Maison de la Bonne presse*). En voici quelques extraits :
En 1937 alors que grandissaient le nazisme, le fascisme et le franquisme, il fallait inciter les chrétiens, et plus précisément les catholiques, à avoir une peur plus grande encore du communisme.
Or, quels étaient les thèmes développés par les régimes fascistes sinon ceux de la conjuration internationale judéo bolchevique, de la fureur antichrétienne soviétique, de la barbarie, de la sauvagerie, termes qui sont repris dans l'encyclique Divini Redemptoris parue en 1937 ? N'y a-t-il donc pas identité de points de vue face au péril rouge ? Et n'est-ce pas un appel à la « croisade antibolchevique » que cette phrase que j'extrais :
« Remèdes et moyens. La tâche la plus urgente, à l'heure actuelle, c'est d'appliquer énergiquement les remèdes appropriés et efficaces pour détourner la révolutionmenaçante qui se prépare».

Il y a une identité frappante entre les argumen ts employés par Urbain II et Pie XI et la différence n'est pas grande entre l'appel à l'engagement pour la libération des lieux saints et celui lancé pour la libération des chrétiens de l'Est avec la même façon de faire vibrer la corde sensible en décrivant les églises détruites, les lieux saints souillés, les chrétiens immolés sur les autels, les femmes chrétiennes violentées.

Et s'il y a eu des dérives au cours des Croisades et qu'il y en eut au cours de la Croisade antibolchevique vis-à-vis des Juifs dans les deux cas, ne serait-ce pas pour la même raison ?

Les Juifs n'étaient-ils pas, comme les Bolcheviques, les ennemis de Dieu l Il y avait donc les ennemis de l'intérieur qu'il était facile de neutraliser et ceux de l'extérieur qu'il fallait vaincre en s'aidant des moyens disponibles, ceux de la Wehrmacht par exemple.

Oh certes le national-socialisme fut condamné par l'encyclique Mr Brunnender Sorge mais il n'y a rien de commun entre l'appel à la croisade pour l'une et la simple condamnation pour l'autre.

Il est vrai que les nazis n'ont jamais employé des méthodes comparables à celles des « Rouges » vis-à-vis du clergé orthodoxe ou catholique.

N'était-il pas normal que l'Eglise appelle à défendre les siens comme elle le fit au cours de l'histoire et qu'elle use, pour ce faire, des méthodes qu'elle employa dans le passé : utiliser les puissances temporelles pour exécuter cette tâche.

Comme au cours des Croisades ou au cours de la lutte pour la reconquête de l'Espagne, ainsi qu'après la découverte du Nouveau Monde, ily eut des « bavures ». La Shoah en a été une. La destruction des juifs d'Europe n'a été catastrophique que pour les juifs.

Le livre La Destruction desJuifs d'Eumpe de Raul Hilberg est
incontournable pour la richesse d'informations qu'il présente et
la précision des sources, mais il ne peut pas permettre, à lui seul,
de comprendre. Pas davantage d'ailleurs que L'Histoire de
l'Antisémitisme de Léon Poliakow.

Les procès de Nuremberg, d'Eichmann, ou de Barbie n'ont
montré qu'une partie des responsabilités, mais pas les causes.
Les témoignages, les récits, les images ne peuvent à eux seuls
expliquer. Yad Vashem est un lieu de souvenir, de prières, de
lamentations mais pas de compréhension, Les travaux méritoires
et indispensables de Serge Klarsfeld ne peuvent que rendre plus
poignante et plus indiscutable la réalité et amener à se poser des
questions.

Les ouvrages d'Annette Wiework sont des livres d'histoire trop
partielle.
Les livres de *Primo Levi*, d'Elie Wiesel, de Georg Semprun,
nous interpellent, nous bouleversent mais ne nous aident pas à
comprendre le pourquoi. Des films, et notamment Shoah de
Claude Lanzmann, ont interpellé la conscience humaine.
Mais rien ne permet de comprendre comment et pourquoi des
hommes ont tué presque froidement, sans conscience, d'autres
êtres humains.
Pourquoi tenter de comprendre, sinon pour savoir pourquoi cela
a pu être possible, et donc éviter que se renouvelle un tel drame.
Dans un article du « Monde », et reproduit avec leur
autorisation, Nicolas Weill écrit le 15 novembre 1996 :
concernant la destruction des juifs d'Europe pendant la Seconde
Guerre mondiale. Il vient d'être retrouvé dans la masse des
télégrammes allemands interceptés par les services secrets
britanniques entré juillet et septembre 1941, quelques semaines

après l'invasion de l'Union soviétique par l'Allemagne, le 21 juin 1941.

On doit cette découverte, révélée par le Washington Post, à l'historien américain Richard Breitmann, qui a travaillé dans des archives récemment déclassifiées de la National Security Agency (NSA). Le volume des rapports allemands remis par les Britanniques à la NASA américaine s'élèverait à 1,3 million de pages. L'un de ces messages, décryptés à l'époque dans le cadre d'une opération de décodage connue sous le nom de Ultra Intercepts, a été envoyé le 18 juillet 1941 à Berlin par le général de division Von dem Bach Zelewski, chef suprême des SS et de la police de Russie centrale, que Raul Hilberg, dans La Dest,.uction desJuifs d'Eu1"ope, décrit comme l'un des lieutenants favoris de Himmler.

On peut lire :

« Hier, dans une action de nettoyage à Slonim (Biélorussie) effectuée par un régiment de la police d'ordre du centre, 1 153 pillards juifs ont été exécutés ».

A l'intérêt évident de ces transcriptions, qui montrent notamment que la police et non les seuls SS était impliqués dans les assassinats de juifs, s'ajoute une confirmation plus troublante encore : les Britanniques auraient été informés pratiquement en temps réel du génocide. Un délai de trois jours suffisait pour que les Anglais puissent prendre connaissance du contenu des messages qui leur parvenaient.

En dépit du caractère fragmentaire de ces informations, il leur était parfaitement possible d'en conclure qu'un massacre à grande échelle et d'un caractère inouï était en cours sur les territoires soviétiques conquis par l'armée allemande.

Ainsi, un câble du même Bach-Zelewski, envoyé le 7 août 1941, et déchiffré une semaine plus tard par les Anglais, signale-t-il que « le nombre total d'exécutions sur le territoire qui relève de (ma) juridiction dépasse maintenant les trente mille ». La question « qui savait quoi ? » ne cesse de tarauder les spécialistes de la Shoah.

A cette question, des historiens américains, Walter Laqueur dans *Le Terrifiant Secret* et David Wyman dans *L'Abandon des juifs*, ont apporté un début de réponse en situant au commencement de l'année 1942 la prise de conscience par les Alliés du caractère systématique du génocide des juifs. Au vu des documents qui viennent d'apparaître, l'information aurait donc été, au moins en partie, disponible près d'un an plus tôt ».

En France, une universitaire, Catherine Nicault, dans un article qui vient de paraître dans *les Cahiers de la Shoah* (Liana Levi), a établi à partir d'archives diplomatiques du Quai d'Orsay que l'ambassadeur en Roumanie, Jacques Truelle, avait envoyé à Vichy, dès le 28 août 1941, un courrier évoquant la déportation des juifs de Bessarabie et de Bukovine.

La Roumanie participait aux côtés de l'Allemagne à !'invasion de l'URSS et les déportations visaient, selon le diplomate, à « l'extermination complète des israélites », Un an plus tard, l'ambassadeur français en Suède, Vaux de Saint-Cyr, faisait parvenir un courrier daté du 6 juillet 1942 à Pierre Laval, chef du gouvernement. Il y décrivait minutieusement le massacre des juifs par les troupes allemandes en Estonie.
Au Vatican, Pie XI avait envisagé la publication d'une encyclique sur l'antisémitisme en 1938 et un mystère vient d'être levé :les éditions La Découverte publient l'encyclique que Pie

XI, en 1938, avait commandée à trois jésuites, intitulée Humani
Generis Unitas (L'Unité du Genre Humain) qui dénonçait les
pratiques racistes et antisémites de l'Allemagne hitlérienne et de
l'Italie fasciste. Elle était, depuis, dissimulée dans les archives de
l'Eglise.

Là encore il me faut citer Le Monde du 4 octobre 1995 (article
reproduit avec leur aimable autorisation) :

« Achille Ratti (1857-1939) fut le pape, élu en 1922, de ['entre-
deux guerres.

Après avoir condamné l'Action Française en 1926, il assista à la
montée des totalitarismes, dénonçant en 1937 nazisme et
communisme. Cette encyclique devait être l'aboutissement de
son combat. Mais sa mort en février 1939 empêcha sa
publication et son successeur, Pie XII, l'abandonna dans les
tiroirs.

Retraçant l'histoire du documep.t, l'ouvrage de Georges
Passelecq et de Bernard Suchecky (L'Encyclique cachée de Pie
XI) permet de comprendre l'attitude du christianisme face au
racisme et à l'antisémitisme. La publication de ce document par
ces deux historiens belges raconte l'histoire d'une occasion
manquée par l'Eglise de se mobiliser, à la veille de la guerre et
du génocide, contre l'antisémitisme.

Le « silence » de Pie XII pendant la guerre et l'histoire de la
Compagnie de Jésus, confrontée à des choix difficiles dans une
période dominée par l'affrontement du fascisme et du
communisme, sont de nouveau en débat ».

Il apparaît donc bien qu'un choix a été fait et le silence du
Vatican pendant la guerre s'explique de lui- même. Se taire
devant les atrocités commises, ne pas les condamner signifiait
en être complice.

Nous ne pouvons pas nous abstenir de comparer le silence du

222

Vatican d'alors avec les prises de position non équivoques de l'après-guerre et durant notamment le pontificat de Jean Paul II. « C'est pend ant la période de la guerre froide, donc depuis la fin des hostilités contre l'Allemagne jusqu'à la chute du mur de Berlin, que cette position apparaît au grand jour et c'est sous le pontificat de Jean Paul II qu'elle triomphe grâce aussi à sa complicité avec Reagan.

Pour le chef de l'exécutif américain comme pour le pape, la conception de « l'empire du mal » incarné par le communisme, est théologique. L'administration américaine est peuplée de catholiques. En six ans, Walter, ambassadeur itinérant, et Casey, patron de la CIA, prendront quinze fois la direction du Vatican. Des rapports du Politburo montrent le désarroi du Kremlin devant la nouvelle stratégie du Vatican et à la situation en Pologne qui échappe à tout critère connu.
Le pape devient l'homme qui tire les ficelles au cours d'une décennie folie où la Pologne épo use Solidarnosc et découvre la liberté. C'est lui le chef de la nation polonaise. Il est « Un pape sans division blindée qui changea le monde ».

L'article qui suit, et qui est reproduit avec leur aimable autorisation, est tiré du Monde des Livres du 13 septembre 1996 à propos du compte-rendu du livre Sa Sainteté (His Holliness John Paul II and the Hidden history of our time) de Carl Bernstein et Marco Politi.
C'est en examinant avec attention son attitude devant le danger d'une invasion de la Pologne par les Russes en 1982, qu'on se prend à imaginer ce qu'aurait pu être le sort des juifs si Pie XII avait agi de même.
« Le 20 août 1980 la grève bat son plein sur les bords de la Baltique, et ce jour-là, Jean Paul II sort de son silence et

demande aux 20.000 pèlerins rassemblés Place St Pierre pour l'audience générale, de prier pour la Pologne, invoquant lui-même « la liberté pour l'Eglise, la paix pour la patrie » et « la protection du peuple contre tout danger ».

L'allusion est claire. Le pape redoute par-dessus tout une intervention soviétique, personne ne sait mieux que lui, que les Polonais jouent avec le feu. Les accords de Gdansk, signés le 31 août, sont une victoire et dès le lendemain de leur signature, le pape évoque, en pleine audience générale, le « droit moral de la Pologne à la souveraineté et à l'indépendance », et fait savoir qu'il prie pour que son pays ne soit « victime d'aucune agression d'où qu'elle vienne ». Tout au long des cinq cents jours mouvementés où le moindre incident se transforme en crise, où chaque crise fait entendre des grondements de chars, le pape assurera les Polonais « qu'ici, il y a un cœur qui bat, qui sent et qui prie pour la Pologne ».

En 1981, après l'attentat manqué contre le pape, la tension monte suite à l'appel lancé aux peuples de l'Est par les ouvriers polonais. Le pape accepte l'invitation à se rendre en Pologne en 1982, à l'occasion du 600ème anniversaire du monastère de Jasna Gara. Cherche-t-il à conjurer la menace qui se profile à l'horizon ? Il estime encore, à ce moment, que le danger viendra de l'extérieur.

A Mgr Bertoli, le cardinal camerlingue, il lâche : « Si les Russes y vont, j'irai me placer devant les chars !» (Confidence de Mgr Bertoli rapportée par Antoine Wenger, entretien avec l'auteur (Rome, 7 novembre 1990).

Si donc ce pape s'est engagé, et que cet engagement a toujours été considéré comme acceptable, normal par toutes les chancelleries, c'est qu'il a été admis que l'intervention de l'Eglise

catholique dans la politique mondiale était un fait.
L'engagement peut se manifester de plusieurs façons, soit en
s'impliquant par une intervention marquée comme ce fut le cas
pour la Pologne, soit en intervenant dans des événements afin de
les laisser se poursuivre si leur évolution Si donc ce pape s'est
engagé, et que cet engagement a toujours été considéré comme
acceptable, normal par toutes les chancelleries, c'est qu'il a été
admis que l'intervention de l'Eglise catholique dans la politique
mondiale était un fait. L'engagement peut se manifester de
plusieurs façons, soit en s'impliquant par une intervention
marquée comme ce fut le cas pour la Pologne, soit en
intervenant dans des événements afin de les laisser se poursuivre
si leur évolution est favorable aux intérêts de l'Eglise.

Ces méthodes font l'une et l'autre partie de la stratégie des Etats
et la non intervention a été tout au long de l'histoire chose
courante afin de laisser se poursuivre une évolution favorable
aux intérêts que l'on défendait. A l'époque contemporaine la
véritable terreur exercée par le communisme a contraint l'Eglise
à rechercher toutes les alliances lui permettant de contrecarrer
l'influence de ce mouvement. C'est cette stratégie qui l'a amenée
à ne pas trop gêner la lutte menée par l'Allemagne nazie contre «
le bolchevisme judéo-ploutocrate » et à laisser s'accomplir les
bavures commises dans toute l'Europe occupée contre les Juifs.

Condamner l'Allemagne hitlérienne aurait affaibli cette dernière
et le rempart élevé aurait craqué trop tôt peut-être. Quand on lit
le livre de Daniel Goldhagen, Les Bourreaux volontaires de
Hitler (Le Seuil 1997) et quand on sait que le Vatican était
informé de ce qu'il y est décrit, le silence vaut sinon
approbation, du moins acceptation du laisser faire.
Le Monde des Livres du 17mars 1997, par Nicolas Weill : « Si le

livre a fait scandale, c'est qu'il ébranle une sorte de consensus qui avait fini par se former auprès des spécialistes du sujet, de Hannah Arendt à Christopher Browning (Des hommes ordinaires) : le génocide des Juifs apparaissait de plus en plus comme le résultat d'une radicalisation de la guerre, d'un emballement des structures à la fois chaotiques et totalitaires de !'Allemagne nazie, et surtout pas la conséquence d'un projet mûri de longue date. Les bourreaux auraient agi sous l'effet d'un conformisme meurtrier, bureaucratique, pris qu'ils étaient dans une machinerie industrielle de la mort, et non d'une conviction - l'obsession antisémite n'était le fait que d'une minorité fanatisée. Ce contexte explicatif où le mal est « banal », et le meurtre une routine, fait immanquablement passer au second plan, la spécificité culturelle des bourreaux (allemands) et de leurs victimes (juives).

L'histoire de la Shoah en perd peu à peu son caractère indéchiffrable et sa particularité, et la souffrance juive finit par ne plus figurer que comme un codicille des horreurs imposés par les nazis à tous ce qu'ils considéraient comme les ennemis du Volk allemand » (Article reproduit avec l'aimable autorisation du « Monde »).

Or c'est bien ce consensus que Daniel Goldhagen a entrepris de briser. Si la plupart des historiens, à commencer par Raul Hilberg, ont été en mesure de décrire le « comment » de la Shoah, l'historiographie traditionnelle n'a, selon lui, jamais su fournir une réponse pertinente à la question du « pourquoi ». Pour Goldhagen, ces bourreaux se sont engagés de leur plein gré, par antisémitisme « éliminationniste ».

« Partout, constamment, les Allemands ont agi envers les Juifs avec cruauté. Cette cruauté ne se limitait pas à incarcérer les

Juifs dans des conditions misérables, sous un régime de fer destiné à les faire souffrir pour ensuite les tuer ; elle était aussi personnelle, directe, en face à face. Avec leurs fouets et leurs matraques bien visibles, avec leurs mains nues, avec leurs bottes, les Allemands rouaient les Juifs de coups, lacéraient leurs chairs, les piétinaient sous leurs talons ...

L'Histoire est remplie de cruautés à grande échelle, organisées, sanctionnées par !'Autorité. Chasseurs d'esclaves et propriétaires d'esclaves, tyrans, prédateurs coloniaux, inquisiteurs ecclésiastiques, policiers, tous ont torturé et tourmenté pour conserver ou accroitre leur pouvoir, amasser des richesses, arracher des aveux. Pourtant, dans les longues annales de la barbarie humaine, les cruautés exercées par les Allemands contre les Juifs sous le nazisme se distinguent de toutes les autres par leur ampleur, leur variété, leur inventivité, et, surtout par leur gratuité.
L'univers de mort et de torture que les Allemands créèrent pour les Juifs n'est approché que par les représentations de !'Enfer dans !'enseignement religieux :Dante, Jérôme Bosch ... La véritable mise en place de la solution finale, de !'extermination systématique a commencé en 1941 lors de l'invasion de la Russie. C'est à ce moment qu'a débuté le massacre.
Les juifs et les communistes slaves représentaient une force démoniaque qu'il fallait détruire pour sauver la civilisation occidentale chrétienne et c'est dans l'enthousiasme qu'elle le fut.

A Babi Yar, les 29 et 30 septembre 1941, a eu lieu l'un des crimes les plus effrayants que le XXème siècle a enregistrés : au cours de ces deux jours, tous les juifs de Kiev et des environs ont été rassemblés par les Einsatzgruppen du nazi Paul Blobel, puis acheminés à la périphérie de la ville, au lieu-dit Babi Yar, où ils sont exécutés, en compagnie de Tsiganes, de prisonniers de !'armée soviétique, de nationalistes ukrainiens. Deux cent mille personnes au total, dont quarante mille juifs, auraient été exterminées.

Les Allemands auraient-ils exécuté l'ensemble de la population danoise de la même manière qu'ils ont tué les Juifs ? Auraient-ils exterminé toute la population de Munich ?
Il faut donc bien reconnaître que c'est la conception que les bourreau avaient de leurs victimes qui est la principale source de leur volonté de tuer. Les explications traditionnelles ne prennent pas en compte la spécificité historique des agents de l'Holocauste ni de la société qui les a nourris, ni le fait qu'ils étaient des êtres humains capables d'effectuer des choix moraux. Les bourreaux allemands et les autres étaient des hommes et des femmes qui approuvaient ces massacres ; ils étaient fidèles à leurs convictions antisémites, à leur credo culturel antisémite, ils considéraient le massacre comme juste.
Reinhard Maurach, expert au service de la défense lors du procès des Einsatzgruppen à Nuremberg a rédigé une note où il exprime une vérité toute simple :
« Les membres des Einsatzgruppen avaient cru en toute ingénuité que le bolchevisme, contre lequel l'Allemagne, mais pas elle seule, menait une guerre apocalyptique était une invention des Juifs ».

En Union Soviétique, croyaient-ils, les Juifs dojilinaient le Parti, l'Etat et les organes de sécurité et c'était là la justification subjective de l'extermination. La propagande avait réussi à convaincre l'opinion que bolchevisme etpeuple juif étaient la même chose, il n'y avait donc pas de choix : « les juifs n'étaient pas un peuple comme les autres mais un peuple réuni par une criminalité héréditaire (celle de Jésus), donc leur anéantissement n'était pas une perte pour l'humanité. L'extermination des juifs était un acte de justice ».

Imaginons qu'un gouvernement occidental fasse aujourd'hui savoir à un vaste groupe de citoyens qu'il entend exterminer, à la racine, un autre peuple :au- delà de leur réaction morale, les gens trouveraient cette annonce incompréhensible, folle.

D'autres que les Allemands ont participé aux massacres. Alors qu'y avait-il de commun entre les uns et les autres ?

Pourquoi Polonais, Ukrainiens, lettons, ont-ils participé ? Leur culture n'était-elle pas antisémite ? D'où provenait la haine violente dont ils étaient animés vis-à-vis de leurs victimes ?

Quelles sont les influences qui ont pesé sur ces différents peuples ?

Tous ces peuples étaient de culture, de foi et de traditions chrétiennes.« Les Eglises chrétiennes étaient porteuses d'une très ancienne animosité contre les Juifs, considérés comme un peuple coupable, non seulement de rejeter la divinité du Christ mais de l'avoir crucifié » (Goldhagen p. 426). « Les Eglises ont bien accueilli l'arrivée au pouvoir des nazis, car elles étaient profondément conservatrices : comme toutes les autres institutions conservatrices allemandes, elles attendaient des nazis qu'ils arrachent l'Allemagne à ce qu'elles considéraient comme un bourbier politique et spirituel, la république de Weimar, avec sa culture de la licence, son désordre démocratique, ses puissants partis socialistes et communistes qui prêchaien t l'athéisme et menaçaient le pouvoir et l'influence des Eglises.

Les Eglises espéraient que les nazis institueraient un régime autoritaire qui saurait renouer avec les vertus oubliées de l'obéissance aveugle, de la soumission à l'autorité, restaurer les valeurs morales traditionnelles et contraindre à y adhérer...

Le féroce antisémitisme des nazis n'était pas aux yeux des Eglises, un de ses aspects inquiétant. Bien au contraire :elles l'approuvaient car elles étaient, elles- mêmes, antisémites. Pour l'essentiel, cette hostilité était dictée par des raisons non religieuses : elle était l'écho de la haine temporelle du Juif qui régnait dans la société allemande.

Elle n'avait pas seulement sa source dans la théologie, elle n'était pas une nouvelle expression de la très ancienne condamnation

Elle n'avait pas seulement sa source dans la théologie, elle n'était pas une nouvelle expression de la très ancienne condamnation des Juifs comme peuple coupable d'avoir crucifié Jésus, et d'avoir méprisé avec arrogance la révélation chrétienne ; ces anciennes accusations étaient éclipsées par l'accusation moderne qui voyait dans les Juifs la principale force à l'ouvrage dans l'incessant assaut de la modernité contre les valeurs traditionnelles.

On tenait les Juifs pour les promoteurs d'un nouveau culte de Mammon', du capitalisme sans âme, du matérialisme, du libéralisme et, surtout, de ce scepticisme iconoclaste qui était considéré comme la plaie des Temps modernes. Influencés par l'antisémitisme profane du siècle, ces chrétiens modernes ne disaient plus que la malfaisance des Juifs tenait à leur religion : elle venait de leur instinct de race, d'une énergie destructive innée et immuable qui les poussait à agir comme de mauvaises herbes dans un jardin florissant. « Et les mauvaises herbes on les arrache, on en fait un tas et on les brûle [4]».

4 ·Dieu des richesses, chez les Syriens. Nom que les Evangiles donnent au démon des richesses et au démon en général. (Larousse)

231

LA REPENTANCE

Extrait du Mond e daté du mercredi 16 avril 1997, sous la signature de H. Tinck et reproduit avec leur aimable autorisation :« Le pape dénonce l'antijudaïsme chrétien et rappelle les racines juives du Christ. Rentré de Bosnie dimanche 13Avril 1997, Jean Paul II prépare son prochain voyage en Pologne, qui le mènera notamment le 1er juin à Wroclav, où il doit canoniser Edith Stein, philosophe née d'une famille juive allemande, convertie au catholicisme puis déportée et gazée à Auschwitz. Vendredi le Pape s'était livré avec une vigueur particulière à une dénonciation de l'antijudaïsme chrétien. Dans le champ de ruines et la tempête de neige de Sarajevo, le pape a marqué l'opinion. Ses appels à la tolérance et à la convivialité pluriethnique et religieuse, ainsi qu'à la responsabilité de l'Europe pour sauver ce qui peut être sauvé de l'unité de la Bosnie confirment l'orientation qu'il entend désormais donner à son rôle international. Lui qui s'était battu, au début de son pontificat, pour la liberté et les droits de la personne humaine semble vouloir jeter ses ultimes forces dans la bataille contre le chauvinisme ethnique, les divisions communautaires, les intolérances religieuses. La dénonciation de l'antijudaïsme chrétien à laquelle Jean Paul II s'est livré vendredi 11avril s'inscrit dans ce projet. Elle est d'une vigueur sans précédent sous sa plume.
S'exprimant devant la Commission biblique pontificale, c'est-à-dire les meilleurs spécialistes des Écritures, il a affirmé que personne ne peut plus se fonder sur le Nouveau Testament (les

textes fondamentaux du christianisme) pour accepter que « les juifs en tant que juifs, soient méprisés ou,pire, maltraités ». Sur un ton passionné qui a frappé les observateurs, il a mis en cause, dans la naissance de rantisémitisme, « l'ignorance » des rapports qui relient l'Ancien Testament (les textes juifs) et le Nouveau Testament. Cette ignorance est à l'origine, déplore le pape, « des siècles de préjugés et d'oppositions qui ont creusé un profond fossé que l'Eglise s'efforce aujourd'hui, depuis le Concile Vatican II, de colmater ».

En 1986, Jean Paul II avait été le premier pape à visiter la synagogue de Rome où, déjà, il avait fait des juifs les « frères ainés » des chrétiens et, en 1993, il avait reconnu l'Etat d'Israël. Aujourd'hui, dans son effort pour changer les mentalités, iltente d'expurger toute séquelle de l'antijudaïsme chrétien : « L'identité humaine de Jésus Christ se définit à partir de son lien avec le peuple d'Israël, avec la dynastie du roi David et la descendance d'Abraham '" « Souvenirs douloureux ».

Il ne s'agit pas seulement d'une « appartenance physique », souligne-t-il, mais d'une relation très particulière. Jésus fréquentait là synagogue, écoutait la lecture et les commentaires de l'Ancien Testament. Ainsi est-il devenu « un authentique fils d'Israël, profondément enraciné dans la longue histoirc de son peuple ». Priver le Christ de son héritage juif revient à « le couper de ses racines ». Il n'est pas arrivé sur Terre, ajoute le pape avec humour, « comme un météore tombé accidentellement du ciel », c'est-à- dire sans lien avec l'histoire des hommes.

L'Eglise catholique accepte désormais cet enracinement et « elle a pleinement accueilli l'insertion du Christ dans l'histoire du peuple d'Israël », assure encore le Pape.
Elle reconnait que les Ecritures juives sont « la parole de Dieu éternellement valide ». « Je n'entends pas ignorer », a conclu Jean Paul Il, « que le Nouveau Testament conserve les traces des tensions qui existaient entre la communauté chrétienne primitive et quelques groupes de juifs non-chrétiens. Mais ces souvenirs douloureux doivent être surmontés ».

Il aura fallu attendre tout ce temps - et combien de millionsdemorts-pourquecelasoitdit. Une belle leçon d'Histoire de l'humanité se terminerait-elle ainsi ? Ou n'est-ce qu'un épisode de plus ? Mais pourquoi maintenant ?
Qu'il me soit permis de me répéter : durant vingt siècles l'Eglise catholique romaine a cherché à affirmer sa puissance, sa domination sur l'Europe d'abord, sur le monde occidental ensuite. Elle y est presque parvenue, elle peut donc maintenant relâcher un peu la pression qu'elle a exercée.
Dès sa naissance la concurrence du judaïsm l'a rendue antisémite. Jules Isaac, dans L'antisémitisme a-t-il des racines chrétiennes ? (Fasquelle 1960) écrit dans l'avant- propos :
« Qu'il est difficile d'être compris, surtout lorsqu'on s'attaque à un problème qui touche de près ou de loin à la vie religieuse ! Parce que je me suis attaché depuis plus de quinze ans à étudier et extirper les racines chrétiennes de l'antisémitisme, il ne s'ensuit pas que je sois un apologiste de parti pris, un polémiste qui se propose de discréditer le christianisme et l'Eglise. J'ai le plus prnfond respect pour toute foi sincère ; il ne s'ensuit pas non plus que dans le débat séculaire judéo-chrétien, j'attribue tous les torts, toutes les responsabilités aux seuls chrétiens à

l'exclusion des Juifs, dont je sais bien qu'ils ont été les premiers persécuteurs, mais pour un vrai chrétien qu'importent les torts

d'autrui ? Il ne s'ensuit pas enfin que j'ignore ou que j'exclue les autres racines de l'antisémitisme qui se sont, hélas !, multipliées et diversifiées depuis les temps anciens jusqu'à nos jours où l'on a pu voir, ô honte, le triomphe d'un racisme à base d'ignorance, par une exploitation méthodique de la vilenie humaine. Non. Je dis seulement qu'en chrétienté les racines chrétiennes de l'antisémitisme sont profondes, les plus profondes sans doute, et que, malgré les efforts auxquels il faut rendre hommage, leur nocivité reste encore vivace de nos jours.

L'Eglise et la Synagogue sont devenues ennemies mortelles, se son t lancé mutuellement l'anathème, chacune se prétendant l'authentique Israël de Dieu. Entre les docteurs juifs et chrétiens, de furieuses polémiques se sont engagées.
De part et d'autre ces polémiques ont dépassé toute mesure, toute charité, tout respect humain et divin. Il y a eu concurrence acharnée entre les deux prosélytismes. Mais attention, c'est ici qu'apparaît un fait d'importance capitale pour le sujet que nous traitons :aux yeux des païens, la négation juive était le plus éclatant démenti donné aux affirmations chrétiennes, donc le principal obstacle au succès de l'apostolat chrétien ; quoi, disaient les païens, vous nous dites que Jésus est le Messie, le Sauveur annoncé par les prophètes juifs, mais comment se fait-il que les Juifs ne soient pas les premiers à le reconnaitre ? Il fallait à tout prix renverser cet obstacle. De là les efforts de l'apologétique chrétienne pour discréditer l'adversaire juif, le rendre méprisable, haïssable, odieux. Bref, ,de là le développement, l'insistance, l'acharnement de l'antisémitisme chrétien.

Dans ces conditions, et de par ses origines mêmes, ce que l'enquête historique révèle jusqu'à l'évidence, l'antisémitisme chrétien devait l'emporter infiniment sur son prédécesseur païen : l'emporter à la fois par sa consistance, qui est essentiellement théologique, par sa cohérence, par la variété de ses thèmes, plus ou moins arbitrairement fondés sur !'Ecriture-sur une certaine interprétation de !'Ecriture, et l'emporter surtout par sa continuité, qui va des premiers siècles de l'ère chrétienne jusqu'à nos jours.
Vraiment refuser de tenir compte d'une action qui s'est exercée pendant près de deux mille ans par les plus puissants moyens, c'est de l'aveuglement, c'est accepter d'ignorer l'essentiel, dans l'histoire de l'antisémitisme ».

Jules Isaac continue avec plus de force encore puisqu'il écrit : « Depuis que j'étudie ce problème, l'antisémitisme chrétien m'est apparu comme la souche puissante, aux profondes et multiples racines, sur laquelle sont venues se greffer par la suite les autres variétés d'antisémitisme, même antichrétiennes comme le racisme nazi. Je comprends bien ce qu'une telle constatation peut avoir d'affligeant, de désolant pour un chrétien. Mais dites-moi, est-ce une raison suffisante pour ne pas vouloir la regarder en face ?
Ce devrait être au contraire une raison déterminante pour l'effort de purification qui s'impose à la conscience chrétienne. Pensez-y : deux mille ans ou presque d'une prédication, d'une action, d'un enseignement tendant à discréditer le judaïsme !
Avec le V^{ème}siècle, avec Constantin, et avec la fondation de l'Empire chrétien, la situation pour les Juifs change du tout au tout, et elle change d'une façon catastrophique. Ils vont se

trouver mis progressivement au ban de la société, ils vont se trouver progressivement réduits à la condition de parias.

En sa doctrine officielle l'Eglise reconnaît le droit du peuple juif à survivre, comme peuple-témoin (selon les très ingénieuses formules de saint Augustin), témoin de la vérité chrétienne, de l'authenticité des textes sur lesquels elle se fonde, témoin, dit saint Augustin, à la manière de l'esclave porte-livres qui, dans l'Antiquité, marchait derrière son maître.
Mais l'Eglise considérait aussi qu'elle avait le devoir de préserver de toute influence juive (et le judaïsme était encore très influent) les masses chrétiennes, souvent très sommairement christianisées.
De là l'extrême rigueur des méthodes employées ; je les ai dénommées à bon droit « l'enseignement du mépris », le « système d'avilissement ».
L'enseignernent du mépris, nous voici au cœur du sujet. Contre le judaïsme nulle arme ne s'est révélée plus nocive, plus redoutable que. cet enseignement, forgé principalement au IVème siècle. Quels en sont les principaux thèmes ?
Thème du judaïsme sclérosé à la venue du Christ (thème auquella découverte des Manuscrits de la Mer Morte est venue donner un nouvel et éclatant démenti).
Thème du peuple charnel incapable de percevoir le sens vrai des Ecritures, d'en avoir une autre connaissance que grossièrement charnelle, et Dieu sait tout ce que saint Jean Chrysostome à Antioche a brodé sur ce thème !

Pourquoi ? Pour foudroyer les trop nombreux chrétiens encore judaïsants et qui fréquentaient les synagogues.
Thème du Christ méconnu et rejeté par un peuple réfractaire et aveugle, réfractaire.

Ecoutez l'Evangile selon saint Luc (19, 48) : « Le peuple entier était, en récoutant, suspendu à ses lèvres » ; L'Evangile selon saint Marc (11, 48) : « Toute la foule était saisie d'admiration pour son enseignement » ; l'Evangile selon saint Jean (11, 48). « Si nous le laissons faire (dirent les grands prêtres) tout le monde va croire en lui ».

Thème du peuple réprouvé, déchu, maudit par le Seigneur lui-même. Réponse de saint Paul (Romains, 11,1) :« Est-ce que Dieu a rejeté son Peuple ? Loin de là. Non, il n'a pas rejeté son peuple ». Réponse de la Mère de Jésus, de Marie elle-même dans le Magnificat : « Le Seigneur a pris soin d'Israël, son serviteur ; il se ressouvient de sa miséricorde envers Abraham et sa semence, pour l'éternité ».

Thème du peuple déicide d'une nocivité meurtrière entre tous.Thème de la Dispersion d'Israël : en 70, châtiment divin de la Crucifixion (Israël a bien été vaincu par les Romains en 70 et le temple de Jérusalem détruit, mais il n'y a eu nulle dispersion sauf de quelques milliers de captifs - la preuve : soixante-dix ans plus tard, la deuxième guerre de Judée, non moins acharnée que la première, il fallut donc qu'il y eut encore un peuple juif en Judée !)

Thème de la Synagogue de Satan, autrement dit du judaïsme désormais diabolique, inspiré par le diable. A cela rien à répondre sinon l'admirable fidélité envers Dieu du vieil Israël qui s'est exprimée à travers les siècles par tant d'œuvres de la plus haute spiritualité.

Mais si l'on songe, et il faut y songer, qu'un tel enseignement a été professé de siècle en siècle, de génération en génération, par des centaines et des milliers de voix, souvent des plus éloquentes, souvent aussi des plus grossièrement injurieuses, comment s'étonner qu'il ait fini par s'incruster dans la mentalité chrétienne, la modeler, la façonner jusque dans les profondeurs du subconscient, et que, peu à peu, surtout aux XIVème et XVème siècles, se soit formée en chrétienté une image caricaturale et légendaire du judaïsme et des Juifs, image ignoble, génératrice de répulsion et de haine.

Qui oserait contester la gravité, la malfaisance d'nn tel enseignement ? Et les lourdes responsabilités de ceux qui l'ont professé, qui ont répandu ces semences de haine dans toute la chrétienté ?

Je n'en parle pas dans l'abstrait : il y en a d'innombrables survivances, j'en ai fait plus d'une fois ! l'expérience douloureuse et concrète Ce n'est pas tout. Peuple témoin, le peuple juif devait l'être aussi par une déchéance visible. L'enseignement du mépris a donc eu pour corollaire un système de restrictions, d'exclusion, d'humiliations, de servitude qui mérite d'être dénommé comme je l'ai fait « système d'avilissement ».

Ce système a fonctionné très inégalement suivant les époques, les circonstances, les régions, les hommes au pouvoir. Les Juifs ont connu des alternances de terreur et de paix, de misère et de prospérité ; leur condition a varié à l'infini, mais elle a été marquée dès lors d'un signe constant, douloureux, inhumain, la précarité, l'incertitude et l'angoisse du lendemain.

Et c'est à partir du XIème siècle, de la première croisade, dans cette période qu'on peut appeler l'ère de la Grande Chrétienté, qu'elle s'est terriblement aggravée.

Exclus de presque toutes les professions, les Juifs en ont été trop souvent réduits à pratiquer le seul métier qui leur fut largement ouvert parce que l'Eglise l'interdisait aux chrétiens, le prêt à intérêt, ce qu'au Moyen Age on appelait normalement usure :ils n'en ont été que plus marqués, plus dégradés, plus exposés à toutes les convoitises et les haines. Parqués dans un quartier spécial, ce qu'au XVIème siècle on appellera le ghetto, astreints comme les lépreux aux marques spéciales, infamantes, la rouelle, le chapeau jaune, ils se sont trouvés ainsi désignés non seulement à la dérision, mais à toutes les violences de la populace ; et cela d'autant plus qu'ils étaient partout une minorité sans défense.

Chaque fois qu'un malheur s'abattait sur la chrétienté, comme la peste noire au XIVème siècle, on les accusait d'en être responsables : il est si commode d'avoir un bouc émissaire. Car le mépris et la haine, une fois décharnés, ne connaissent ni frein ni bornes. Il est vrai que dans la chrétienté de nobles esprits comme saint Bernard ont combattu ces excès, essayé de protéger les Juifs contre les violences des grands et du peuple, et de même jusqu'au XVIème siècle, les plus sages parmi les chefs de l'Eglise, les papes. Jusqu'au XVI' siècle, c'est dans les Etats pontificaux que les Juifs ont trouvé l'abri le plus sûr. Il n'en est pas moins vrai que l'antisémitisme chrétien, de par sa nature même et ses méthodes, a engendré les pires excès : spoliations, expulsions en masse, livres saints jetés au feu, baptêmes forcés, enfants arrachés à leurs parents, dénonciations calomnieuses de profanations d'hostie, de crimes rituels (prétendus meurtres d'enfants chrétiens), tortures, supplices, autodafés de l'Inquisition, innombrables et affreux massacres appelés plus tard du nom russe de pogroms. Il est impossible d'oublier, parce que c'est un fait essentiel, que le racisme hitlérien est apparu sur un terrain que les siècles antérieurs lui avait préparé. Les nazis out- ils surgi du néant ou du sein d'un peuple chrétien ? »

L'Episcopat français organisa le mardi 30 Septembre 1997, une cérémonie au mémorial du camp d'internement de Drancy au cours de laquelle il demanda pardon à la communauté juive pour les compromissions de la hiérarchie catholique avec le régime de Vichy. Attendu depuis la guerre, cet acte de « repentance » officialisait l'examen de conscience, au plus haut niveau, de l'Eglise, sur le silence des élites catholiques face aux lois anti-juives (3 octobre 1940).

Cette déclaration devait constituer une nouvelle pièce dans le débat sur les compromissions de l'Eglise avec le régime de Vichy. La lumière est faite sur les authentiques figures résistantes que furent Mgr P-M Theas, eveque de Montauban, déporté, ou Mgr Salièges archevêque de Toulouse, mais à part cinq ou six d'entre eux, sur soixante- seize, les évêques ont généralement souscrit, et je le redis, au sentiment exprimé par le cardinal Pierre Gerlier, archevêque de Lyon : « Pétain c'est la France, et la France c'est Pétain ».
Ils ont accueilli le Maréchal comme l'homme providentiel qui rétablirait l'enseignement religieux, défendrait la famille et promettait de revenir sur l'héritage de la Révolution et des lois de séparation qui avaient tant coûté aux catholiques.
Le même cardinal Gerlier ne s'est-il pas éclié « Travail, famille, patrie, ces trois mots sont les nôtres » ?
Vichy et la révolution nationale se sont alignés sur le catholicisme social et sur les encycliques des papes.
Le mea culpa de l'Eglise de France est issu d'un double mouvement, à la fois du Vatican et de la société française.
Un devoir de « purification de la mémoire » a été réclamé aux catholiques par le pape.
Le 14 novembre 1994, dans sa lettre Tertio millenio advenîente il avait pressé les Eglises locales à engager des processus de « réconciliation » avec les communautés qui ont eu à souffrir, dans l'histoire, d'atti tudes intolérantes de l'Eglise romaine –

cinquante ans après la conférence de Seelisberg (Suisse) où se réunirent des intellectuels juifs et chrétiens et où ces derniers prirent conscience qu'il existait un lien entre « l'enseignement du mépris » pendant deux mille ans et le génocide des juifs.
Alors une fois encore : Pourquoi maintenant et pas avant ?
Y-a-t-il un lien entre ce changement d'attitude et la fin de la menace soviétique ? Est-ce un hasard ?

L'Eglise catholique romaine ne poursuit-elle pas son chemin et n'agit-elle pas toujours de la même façon ?
Quand la menace n'existe plus parce qu'elle a été détruite par tous les moyens, alors la repentance est possible pour tous les actes de cruauté qui ont été commis.
Le but, tout au long de l'histoire de ces deux mille dernières années, est le même : assurer et maintenir la suprématie de l'église catholique romaine sur tout le monde occidental.

Dès lors que sur un territoire donné, une minorité religieuse constitue par le pourcentage qu'elle représente, par l'activité qu'elle a, une menace pour le pouvoir en place, ce pouvoir met en œuvre un dispositif dont le but premier est de contenir pour éviter de se laisser submerger, puis ensuite diminuer le risque encouru. L'Eglise catholique romaine qui étend son pouvoir spirituel et temporel sur une partie de l'Europe occidentale a poursuivi, tout au long de son histoire, la mise en place d'un système qui lui a permis de poursuivre et en partie d'atteindre cet objectif. Que ce soit contre les Juifs, les Protestants, les Cathares, les Musulmans, les Orthodoxes ou que ce soit contre une autre religion qui a été sur le point de tout balayer sur son passage, le Communisme, les méthodes, la tactique ont été les mêmes : désigner le coupable, le faire passer pour menaçant et le condamner comme « hérétique ». Ensuite, tenter de le faire venir à conversion, et alliance avec un pouvoir temporel pour mettre en place une force militaire afin de supprimer l'opposition en tuant ou en faisant tuer les opposants. Le silence de l'Eglise vis-à-vis de l'extermination des Juifs ne s'explique-t-il pas ainsi : les Juifs constituaient une menace en Pologne par leur importance numérique. Le clergé polonais par l'enseignement du mépris a dressé un véritable cordon sanitaire autour de cette importante minorité qui n'a reçu aucune aide lorsqu'elle a été décimée. Elle avait ainsi cessé de constituer une menace.

Il a fallu attendre que le concile Vatican II renonce à la notion de « peuple déicide » et qu'il condamne l'antisémitisme. C'est en 1973 qu'a été publiée une déclaration de l'épiscopat sur l'Etat d'Israël et il faudra attendre 20 ans de plus pour que le Vatican reconnaisse à son tour l'Etat d'Israël. C'est en 1989 que Mgr Decourtray, après l'arrestation de Touvier, a créé une commission d'historiens présidée par René Rémond qui a constaté les complicités des institutions religieuses avec la Milice. La déclaration de repentance de Drancy parachève, écrit Henti Tincq dans le Monde du 30 septembre 1997, cette reconnaissance de la responsabilité, théologique et politique, de l'Eglise dans la tragédie. Et le grand rabbin Sitruk a déclaré le 28 septembre à la synagogue de la Victoire, au cours de la cérémonie à la mémoire des déportés :
« Reconnaître son erreur est plus que du courage, c'est de l'héroïsme. Voilà pourquoi demain le pardon de l'Eglise de France nous ira droit au cœur »
Et il a annoncé que le Consistoire allait rendre hommage le 2

novembre suivant à Thonon les Bains, à tous les « Justes » qui ont contribué à sauver des juifs durant l'Occupation.

Ainsi donc ilaura fallu attendre 52 ans après la fin de la guerre pour que la mort d'oncle Sylvain, tante Suzanne, tante Alice et oncle Nath, tante Hélène et oncle Joseph, des quatre Rappaport, d'André Schwartzenberg, comme ayant été la conséquence de l'antisémitisme développé pendant deux millénaires par l'Eglise catholique, et ilaura fallu attendre ce même temps pour que le Consistoire Israélite rende « hommage » à ceux qui, comme Charles Gombert, ont aidé des juifs à se sauver.

Dans *Le Monde*, Zeev Sternhell (Professeur à l'Université Hébraïque de Jérusalem, science politique) écrit :
« Il faut essayer de comprendre le contexte intellectuel qui a rendu possible les faits.
Si' l'on n'entend pas pénétrer la ferveur avec laquelle la révolution nationale, où!'on retrouve la plupart des traits caractéristiques du fascisme, a été accueillie par de vastes secteurs de l'opinion, si l'on s'abstient prudemment de poser la question de la responsabilité des élites qui ont servi le nouveau régime, tout comme la politique antijuive de Vichy n'est pas le produit d'un quelconque opportunisme l'objectif moral et pédagogique du procès Papon aura été manqué »
Et il ajoute :
« Vichy n'est pas une simple improvisation et le régime n'est pas issu d'un vide qui se serait créé subitement le lendemain de la défaite. La débâcle engendre seulement les conditions qui soit reconnue permettent à une tradition politique mûrie depuis le tournant du siècle de donner naissance à un régime. Cette solution alternative à la démocratie libérale attendait son heure : comme ailleurs en Europe et comme en d'autres temps, c'est une

guerre perdue qui fournit l'occasion de traduire des idées en action. Tous les « Papon » et ils ne sont pas les setùs, savent exactement ce qu'ils font : ils viennent se mettre au service d'un « Ordre Nouveau » que de larges secteurs de l'opinion publique n'avait cessé d'appeler de leurs vœux tout au long de l'entre-deux-guerres. Grâce à cette mobiüsation des esprits, la « Révolution Nationale » se met en marche avec une extraordinaire facilité. En moins de six mois, la face du pays aura changé comme jamais depuis 1789.

La défaite avait créé un choc sans pareil. Si les Français étaient presque unanimes pour déplorer les malheurs de la patrie, ils étaient profondément partagés sur l'analyse des raisons.
Parmi les élites (ce sont toujours les élites qui gouvernent) très nombreux étaient ceux qui, depuis des années, voyaient dans la démocratie libérale la source profonde de la décadence française. Et la « Révolution Nationale » exprimait un sursaut auquel ilfallait donner sa chance. Alors le sort des Juifs ? Leur destin, plus que celui de n'importe quelle autre catégorie d'hommes et de femmes en Europe, était, depuis les premiers jours de]'émancipation, lié à celui des valeurs enracinées dans la Révolution française. Le juif, membre d'un corps de citoyens libres et égaux en droits, était le vivant symbole de cette révolution qui, à la fin de XVIIIème siècle, avait bouleversé le monde, (et aboli les privilèges d'un certain nombre, dont l'Eglise).

Voilà pourquoi tous ceux qui, durant l'été 1940, accourent pour défaire l'œuvre des hommes de 1789 et sauver la France de la déchéance libérale et démocratique, ne pouvaient faire la fine bouche face aux lois antijuives qui aidaient à libérer le pays sinon des Allemands mais des métèques et autres anti- français. »

Parmi ceux-ci, une grande partie de l'épiscopat. François Bédarida (historien, directeur de recherches au CNRS) analyse lui aussi la position de l'Eglise dans Des controverses à la repentance, dans le Monde de la même date :
« Longtemps, dans les milieux ecclésiastiques, on a préféré recourir à des discours apologétiques plus ou moins spécieux cherchant à justifier, au lieu d'assumer le passé et de reconnaître avec franchise et courage la réalité des faits. Aujourd'hui (mais pourquoi seulement aujourd'hui), au contraire, grâce aux instruments de connaissance et de réflexion désormais réunis, le moment semble mûr pour prendre la mesure de l'événement et procéder à un authentique examen de conscience.

C'est pourquoi l'Eglise, et tel est bien le sens de la déclaration épiscopale de repentance, en est venue à entreprendre une lecture critique de son passé, appuyée sur une analyse historique rigoureuse et sans complaisance.
Le débat, en fait, tourne autour de quatre questions :

1. Compte tenu de la politique officielle de collaboration de Vichy, l'Eglise a-t-elle collaboré, directement ou indirectement

2. Dans son adhésion au régime de Pétain, est-elle allée au-delà de la doctrine d'obéissance au pouvoir établi

3. Devant les mesures antisémites du gouvernement français et devant la violence exterminatrice de l'occupant nazi, l'Eglise a-t-elle parlé pour dénoncer une persécution raciale portant atteinte

aux droits élémentaires de la personne humaine en même temps qu'aux racines de la foi chrétienne ?

4. Comment se sont comportés concrètement les catholiques envers les juifs traqués.

Sur le premier point, s'il est vrai que quelques figures notoires d'ecclésiastiques ont prôné la collaboration du cardinal Baudrillart à Mgr Mayol de Luppé et que l'on peut citer nombre de paroles malvenues ou imprudentes de membres du clergé, cela n'autorise nullement à soutenir que l'Eglise en tant que telle a collaboré avec l'occupant.

Cependant la question n'est pas tranchée pour autant, dans la mesure où le soutien apporté au régime aboutissait, en appelant les fidèles à la docilité et à l'obéissance, à soutenir un pouvoir de plus en plus dans la main de l'occupant.
De même, il est évident que, face au pouvoir établi, l'épiscopat, par son allégeance persistante et quasi inconditionnelle au gouvernement et à son chef, a largement outrepassé ce qui était requis traditionnellement à l'égard d'un pouvoir légal, au lieu de se référer à la prescription édictée par le catéchisme du concile de Trente : lorsque les détenteurs de l'autorité commandent quelque chose de mauvais ou d'injuste, on ne doit pas leur obéir.
Si l'on en vient maintenant à l'attitude de l'Eglise et des catholiques à l'égard de la persécution antisémite, et si l'on veut échapper aux visions schématiques et simplistes, cinq ordres de données sont à mettre en évidence et à articuler ensemble.
A côté de la collusion de fait entre l'Eglise et le régime, il convient, sur un plan mi-doctrinal mi- culturel, de prendre en compte le poids de l'antijudaïsme proprement religieux.
Celui-ci au fil des siècles, a imprégné la vision que les chrétiens

se sont faite des juifs - une vision relayée à la fin du XIXème siècle par l'antisémitisme moderne.
Aussi a-t-on multiplié à l'endroit du « peuple déicide » les griefs, les préjugés, les stéréotypes, tant sur le plan pastoral que sur le plan social en adjoignant de surcroit tous les maux de la modernité, rationalisme et laïcisme, capitalisme et socialisme (ou communisme), matérialisme et athéisme.

D'où l'habitus péjoratif colorant bien souvent l'image d'Israël dans le monde catholique. Devan t la politique antisémite instaurée par le gouvernement du Maréchal, c'est le silence qui, sans conteste, a prévalu de 1940 à 1942, tout particulièrement lors des deux statuts des juifs (octobre 1940 et juin 1941) - ce que le Père de Lubac a jugé à l'époque et continuera d'appeler jusque dans sa vieillesse « une lourde erreur ». Le mutisme continuera en face du port de l'étoile jaune imposée en zone occupée au printemps 1942. C'est seulement au moment des rafles operees en zone sud en août 1942 que la conscience officielle réveillée s'exprime avec force dans des déclarations publiques protestant contre les traitements infligés aux juifs. Trois archevêques et trois évêques font savoir leur réprobation aux fidèles en terme vigoureux au nom des principes du christianisme et ces dénonciations ne laissent pas d'avoir un grand retentissement.

Toutefois à la base, un certain nombre de catholiques n'avaient pas attendu les signaux donnés par quelques membres de la hiérarchie pour faire connaître la voix de la conscience et condamner radicalement l'antisémitisme. Mais à ces résistants, il a fallu choisir la voie de la clandestinité. C'est le cas notamment des Cahiers de Témoignage Chrétien lancé en 1941 par un jésuite, le Père Chaillet.

Parallèlement, sur le plan de l'aide aux victimes, on a compté tant de la part du clergé que des fidèles, et avec !'encouragement de nombreux évêques, de multiples gestes de charité et de sauvetage. Si, au total, la majorité des juifs de France a pu échapper à l'extermination, c'est dans une mesure importante grâce à l'aide apportée par les milieux catholiques - couvents, écoles, presbytères, familles - et grâce à l'appui d'organisation comme Amitié Chrétienne, ceuvre réunissant catholiques et protestants. Reste une question qu'on ne saurait éluder : s'il était primordial d'agir, n'était-il pas aussi primordial de rappeler avec force les principes de la justice et des droits de la personne en vue d'éclairer des consciences chloroformées ?
Pour une large part, c'est pour apporter une réponse d'ordre spirituel à cette interrogation qu'est destinée la déclaration épiscopale du 30 septembre (1997) ».

Si je comprends bien, le catholicisme a entretenu l'antisémitisme durant vingt siècles et a utilisé les réactions antisémites pour asseoir en partie sa puissance et son hégémonie. Et parce que quelques ecclésiastiques ont eu, pendant l'Occupation, une attitude charitable vis-à-vis de quelques-uns, les Juifs survivants doivent à !'attitude de l'Eglise d'avoir survécu et doivent la remercier ...

Cette vision est simpliste, réductrice. Cette analyse de Bedarida concerne le clergé de France et montre qu'une minorité agissante a œuvré pour aider des juifs, de même que des protestants ont œuvré dans le même sens. Mais ces analyses et commentaires sont, comme à chaque fois, réducteurs parce que n'embrassant pas une période et un espace suffisamment larges :la France est dans l'Europe et l'Europe est dans le Monde. Prendre quelques exemples individuels, aussi méritoires soient-ils, ne permet pas de rendre compte de l'attitude globale d'une communauté. Quelques Allemands ont eu une attitude courageuse, représentent-ils l'Allemagne ?

« Je souhaite que cette déclaration s'inscrive dans le combat le plus nécessaire et le plus quotidien : celui de la liberté de l'homme de puiser à toutes les sources de la pensée et de la croyance, de vivre ses convictions dans la plénitude de leur exercice individuel et collectif ».

Existe-t-il sur cette Terre un lieu où les hommes puissent vivre hors des contraintes morales, intellectuelles, religieuses qu'ils reçoivent à leur naissance ?

« Ceux qui prétendent porter la parole divine entendent l'imposer à leurs contemporains, pour les enfermer dans un système de pensée et de droit qui leur arrache leur liberté ».

Dans un article du « Monde » du 02/10/97, et que nous reproduisons avec leur aimable autorisation, Henri Tincq écrit : « Les évêques allemands, polonais, français ont reconnu leurs torts. Le silence du Vatican n'en est que plus assourdissant. Et paradoxal. Jamais pape n'avait autant insisté pour que ses évêques demandent pardon pour les fautes passées. Jean Paul II a lui-même prononcé près d'une centaine de textes de « repentance ,, dans tous les domaines : les croisades, l'Inquisition, Galilée, les guerres de religion, la traite des N oirs, etc. Un vrai fleuve de remords et d'examens de conscience. Le l"septembre 1987, à Castelgandolfo, devant cinq grandes organisations juives il promettait de rédiger une déclaration sur la responsabilité de l'Eglise dans l'antisémitisme et la Shoah. Dix ans après iln'y est toujours pas parvenu ... Il reste comme un malaise, une source d'équivoque, un scepticisme sur la capacité du Vatican à aller au bout de son autocritique ... ».

La structure temporelle du catholicisme en fait une religion bien particulière. Le Vatican est bien le gouvernement d'une entité extra territoriale, ce gouvernement a des structures étatiques,il poursuit une politique,il a des moyens.

Le Pape est le chef incontesté du catholicisme et a un pouvoir au moins comparable à celui des dirigeants des quelques très grandes nations de la Planète, à la différence près que son pouvoir repose sur des bases plus solides que n'importe lequel des chefs d'Etats.

CONCLUSION

Les desseins d'une religion ne sont pas à remettre en cause, ce qui reste c'est comme l'écrit Anne Marie Pontis, l'usage qui en a été fait et pourquoi.

Dans le cas précis de la destruction de la communauté juive d'Europe centrale, il reste à montrer-pour le montrer mieux que je ne le fais, et surtout avec des fondements plus sérieux encore, quand les documents d'archives seront disponibles, - que le Vatican pour des motifs politiques, de survie de sa puissance et de maintien de son hégémonie sur le monde occidental, a laissé anéantir le peuple juif ashkénaze. Cette recherche curieusement ne semble pas être totalement entreprise et surtout pas par l'Etat d'Israël qui ne peut se payer le luxe d'une telle confrontation avec une puissance qui risquerait de déclencher une nouvelle guerre sainte.

Les Juifs ont été, par l'Eglise, par toute la communauté des pays occidentaux, sacrifiés sur l'autel de la lutte contre lebolchévisme. Par son silence, le Vatican, qui savait, s'est rendu complice de crime contre l'humanité.

Gêner l'Allemagne en lutte contre la Russie soviétique, c'était affaiblir la défense de l'Europe. Six millions d'hommes de femmes et d'enfants juifs sont morts pour défendre les valeurs de la chrétienté.

Quel pardon pourra leur rendre la vie ?

Mon souhait est de faire triompher cette vérité et de faire cesser les fausses démonstrations de pieux souvenirs.

BIBLIOGRAPHIE

ANISSIMOV Miriam	PrimoLevi	Lattès 1996
ARENDt Hannah	Le système totalitaire	Le Seuil Paris 1972
	Sur l'antisémitisme	Calmann Levy Paris 1968
	L'impérialisme	Calmann Levy Paris 1982
AUBERT R , M D KNOWLES , L J ROGIER	L'Eglise dans le monde moderne 1948 à nos jours Nouvelle histoire de l'Eglise	Seuil Paris 1975
BEDE LE VENERABLE	Histoire ecclésiastique de l'Eglise et du peuple Anglais	Gallimard Paris 1995
BERNHARDT Joseph	Le Vatican trône du monde	Payot Paris 1930
BLOCH MARC	L'étrange défaite	Folio Paris 1990
BRAUDEL	Grammaire des	Flammarion

Fernand	civilisations	Paris 1987
	La Méditerranée	Champs Histoire 2009
BURIN Philippe	La France à l'heure allemande	Le Seuil Paris 1995
	Htiler et les Juifs	
CHAUVEAU Jacqueline	La Conjuration de Satan	Nouvelles Editions Latines Paris 1970
CHAUVIN Charles	Le Clergé à l'epreuve de la Révolution	Desclée de Brouwer Paris 1989
CHELINI Jean	Histoire religieuse de l'Occident médiéval	Armand Colin Paris 1968
CIANFARRA Camille	La guerre et le Vatican	Le Portulan Paris 1947
De COQUET James	Le procès de Riom	Fayard Paris 1945
COURON Eric ROUSSO Henry	Vichy, un passé qui ne passe pas	Fayard Paris 1994
CREMIEUX-BRILHAC Jean-Louis	Les Français de l'an 40	Gallimard Paris 1990
DUROSELLE	Histoire du	PUF Paris

J-B, MAYEUR J-M	catholicisme	1953
FALCONI Carlo	Silence de Pie XII	Rocher Paris 1965
FLORI Jean		
FOLZ Robert	La première croisade	Complexe Paris 1997
FROSSARD André	L'idée d'empire en Occident	Aubier Paris 1953
	Crime contre l'humanité	Robert Laffont Paris 1997
FURET François	Le passé d'une illusion	Robert Laffont Paris 1995
GENET J-P	Le Monde au Moyen-Age	Hachette Paris 1991
GIBBON E	The history of the decline and fall of Roman Empire	Penguin Classics
GOLDHAGEN Daniel	Les bourreaux volontaires d'Hitler	Le Seuil de Paris 1997
GOODY Jack	Evolution du mariage en occident	Armand Colin Paris 1989
GROSSER Alfred	Le crime et la mémoire	Flammarion Paris 1989
GRUBERGER Bela	Narcissisme, Christianisme,	Hebraïca-Actes Sud ,

	Antisémitisme	Paris 1997
GUDERIAN Gai	Erinnerung eines Soldaten	Plon Paris 1954
HILBERG Raoul	La destructuon des Juifs d'Europe	Fayard Paris 1982
ISAAC Jules	L'enseignement du mépris	Flasquelle Paris 1962
	L'antisémitisme a-t'il des racines chrétiennes ?	Flasquelle Paris 1960
LACROIX-RIZ Annie	Le Vatican , l'Europe et le Reich	Armand Colin Paris 1996
LADONES Françoise	Brève histoire de l'Eglise Catholique	Calmann Levy Paris
LAOT Laurent	Catholicisme , politique , laïcité	Ed Ouvrière Paris 1990
LATREILLE André	Eglise Catholique et Révolution Française	Ed du Cerf Paris 1970
LECOMMTE Bernard	La vérité l'emportera toujours sur le mensonge	Lattès Paris 1991
Mgr LESNE Emile	Histoire de la propriété ecclésiastique	Desclée de Brouwer Lille 1910

	en France	
MAYER Arno	Persistance de l'Ancien Régime	FFlammarion Paris 1990
PIERRARD Pierre	L'Eglise de France face aux crises révolutionnaires	Le Chalet Lyon 1974
PLENEL Edwy	Secrets de jeunesse de Mitterand	Gallimard Paris 1994
POLIAKOW Leon	Histoire de l'antisémitisme	Le Seuil Paris 1981
	Bréviaire de la haîne	PUF Paris 1996
PONTIS Anne-Marie	Antisémitisme et sexualité	Le Lion Paris 1986
REMOND René	Ancien régime et Révolution	Le Seuil Paris 1974
ROSENTHAL Anne-Marie	L'antisémitisme en Russie	PUF Paris 1982
STRAUSS G	Manifestations of discontent in Germany on the eve of Reformation	Variorum Aldershot (G-B) 1993
SUCHECKI Bernad - PASSELECQ Georges	Encyclique cachée de Pie XI	PUF Paris 1996
THIERS Auguste	Sur la question romaine	L'heureux Paris 1865

VOVELLE Michel	La Révolution contre l'Eglise	Ed ;Complexe Paris 1988
WIEWORKA Annette	Déportation et Génocide	Seuil Paris 1994
WIEWORKA Olivier	Nous entrerons dans la carrière	Seuil Paris 1994

ACTES ET DOCUMENTS

His Majesty's Stationary Office	LIVRE BLANC	Paris 1939
Minutes du procès de Nuremberg	Tome X	09/04/1946
Actes du colloque de Madrid	Etat et Eglises dans la genèse de l'Etat moderne Bilbliothèque de la casa Velasquez	Madrid 1986

TABLE DES MATIERES

17620564R00140

Printed in Great Britain
by Amazon